你對誰都好，就是對自己太差

過分善良不是好事！停止取悅，過想要的生活

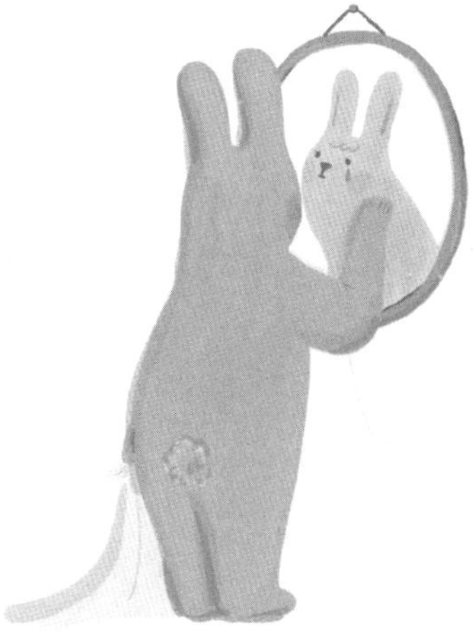

大將軍郭 著

目次

第二章　情緒內耗

第三章　關係痴纏

Part 2 醒覺與重塑：初見陌生的真我

第四章 假我覺醒

第五章 擊碎假我

Part 3 秩序與新自由：越覺醒，越自由

第七章 認識全新的自我

第八章 掌控真我的新人生

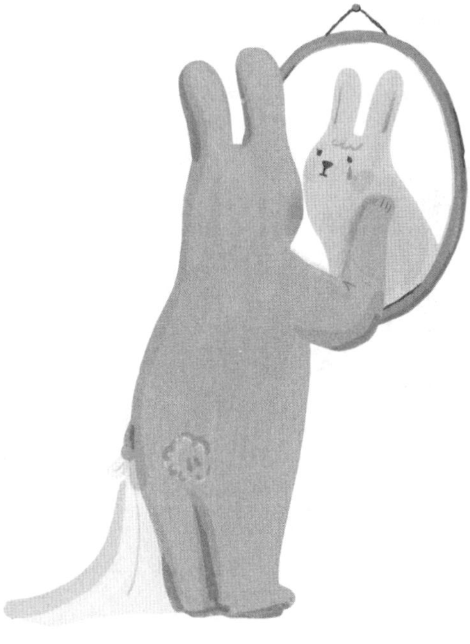

作者序

認識自己，是一輩子的功課

在本書出版後的一次讀者分享會上，有一位讀者向我提問：「我真的很想多了解自己一些，有沒有什麼好的心理學方法呢？」

這個提問當然有取巧的回答，比如「我的書裡就有」，然而我當時還是反問他：「了解自己，你真的準備好了嗎？」這位讀者有一絲困惑：「我還需要做什麼準備嗎？」

這本書緣起於我作為諮商心理師的工作感悟。心理學上有一個共識——所有的問題和困擾最終都會回到「自我」這個母題之中，認識自己、了解自己是每個人都繞不開的功課，然而我們常常缺席這門功課。

我曾經認同缺席的原因是「暫時缺少方法」。然而如今再回望「認識自我」這一母題，我更加確定，認識自我也是某種冒險。正如尼采所說：「你們無法承受自身，你們的辛勞是一種逃避，是意圖忘卻自我。」

所以當時的我才會問：「你真的準備好了嗎？」那麼你呢，你真的準備好開始冒險了嗎？

每個人都會或多或少害怕面對真實的自己，甚至會因為恐懼而躲藏。恐懼源於對自我的陌生感，是本能的對未知的抗拒。如果不去認識真實的自己，我們就可以在熟悉的框架中，在既定的規則下去生活，無須調適，無須改變，哪怕「假我」要跟困擾和痛苦作伴，但熟悉的困擾和痛苦會讓我們更覺得安全。我們還會自我麻痺，就像本書的一篇文章中提到的那句「我習慣了」，這句話是很多人慣用的自我安慰話術，也折射了僵化的思維模式——「習慣了就好了」。

習慣成為假的自我，習慣了困擾和痛苦，就真的「好了」嗎？其實，熟悉和習慣只是我們不敢面對「真我」時的一種心理防禦機制。

的確，認識自己是危險的，也會經歷痛苦。當我們發現「自我」當中仍有很多未被看清的地方，我們會懷疑自己原來是這樣的嗎？亦會焦慮該怎麼去面對自己，甚至會否認「這不是真正的自己」。

以上「危險」的心路歷程，我經歷過，我的大多數來訪者也經歷過，而這場冒險的結果是我們都獲得了某種獎賞，在直面陌生和未知之後，發現了真實的、全新的、告別痛苦的自我，這正是危險中的迷人之處。

你準備好「認識自我」了嗎？

在後疫情時代，雖然你還沒有做好充分的準備，雖然你偶爾還是膽怯，但你可能也隱約意識到了，認識自我已成為不得不做的功課。穩固好生活的「小環境」，搭建牢靠安全的「個人生活系統」，是我們保衛生活的最後堡壘，這也就意味著我們要花更多時間和自我相處，再也不能缺席這門功課了。

是時候開啟這段危險而迷人的旅程了，我很確定的是，你會發現對自我的陌生感也是一種靈動的生命力之感，認識自我是一種「自我更新」，讓你每時每刻都能體驗生機和活力，「自我」會源源不斷地給你驚喜。

六年前我寫下這本書，這六年間我時常翻看它，像一種自我檢視，這些文字也成了自己丈量「自我更新」的標準。我時常問自己，我對自己的了解又多了幾分？是否依然有陌生的、尚未察覺的部分被隱蔽在別處？

現在我的答案是，「自我」中的陌生感會一生相隨，「自我」不是名詞，而是一個動詞，我們這一生都在隨「自我」舞動。但亦有別的可能，今時今日的舞步，也會引領來日「自我」生長的方向。

六年之後，這本書即將再次出版。部分內容我保持了文字原貌，曾經的熱忱、篤定與堅守都毫無保留地呈現其中，也做了許多內容的擴充和延展，是如今心境的開闊、鬆弛與欣悅的融合。

這本書的再版於我而言，是再次體驗陌生感的冒險，也是我發出的邀請，誠懇邀請你一起加入。

已向不惑之年挺進的我，仍對這個世界迷惘，有時也對自己無措，雖然困惑，卻一直沒有停止探索。世界有邊界，自我的版圖卻始終有自我更新反覆運算的可能，多了解自己一寸，就多一寸樂趣。

以前，我經常翻來覆去做同一個夢，在夢裡我是一名指揮著千軍萬馬的將軍，鐵馬金戈，殺敵無數。我嚮往夢中的生活，駿馬一匹，盔甲護身，長刀短劍，旌旗獵獵，收復城池，擴展疆土。

然而，這注定無法實現。好長時間我都沒明白，這個夢跟現實生活有什麼特別的關聯。朝九晚六的現代生活中，我是一名諮商心理師。從研究生階段至今的十四年，我接觸過無數案例，遇到了形形色色的人，我在安靜的諮商室裡傾聽他們的人生。我見過癲狂，聞過悲傷，手裡的紙巾浸滿過他們的淚水，我能做的就是盡可能地幫助他們驅散頭頂籠罩的烏雲，重見晴天。

有時候我想起找我諮商的人們，腦海裡總是會出現被提及次數最高的兩個問題——「為什麼我會這樣？」及「我該怎麼辦？」他們之中，有人在情愛中摸爬滾打，自認為清醒理智，卻總是向不值得愛的人臣服；有人已經到了而立之年，以為自己刀槍不入，但是每每想起童年創傷還是失聲痛哭；還有的人輾轉多個城市生活，換過各種類型的工作，仍然不知道自己真正要的是什麼，不停地做無謂的嘗試。

他們問我：「我竟然不是我以為的那個樣子，我是怎麼變成了如今的自己？我又能做些什麼讓自己成為想成為的那種人？」在一次次陪伴他們梳理過去的事情和現在的經歷時，我更加明白了這些疑問背後的癥結所在：不論歲月的年輪刻畫了多少圈，他們對於自己的了解並沒有由表及裡，一寸寸地加深，抑或是被一些表象迷惑，因此從來沒照見真實的自我。

如果連自己都不了解，我們怎麼確保所有的努力都朝著對的方向呢？如果連自己都沒有看清，又怎麼能清醒地看待世界和他人呢？

這感覺就如同某天你在鏡子前忽然發現一張陌生的臉，而這張臉竟然是你自己。出現這種惶恐和疑惑並不是必然的，你原本可以對自己有更透徹的了解，你原本可以過上更平靜美好的人生。但現在發現並不算晚。種一棵樹最好的時機有兩個，一個是十年前，一個就是現在。而認識自己，熟悉自己，從這一刻開始還來得及。

唯有了解自己，才能發現問題所在

如果每個人都能早一點發現自己的軟肋和短處，或許就不會讓自己暴露在不利的環境中以卵擊石；如果每個人都能早一點認識自己的優勢和長處，或許就不會再糾纏和掙扎於自卑之中無法自拔。更為重要的是，當我們遇到麻煩、感到迷惘時，能快速地找到真正適合自己的選擇，不浪費光陰，不消耗自我。

以前，我們願意花費大把時間去了解一座陌生的城市，消耗巨大的精力去接觸一個陌生的人。現在，又有什麼理由不多留給自己一點溫柔，去熟悉和親近真實的自我呢？

當我再想起我的那個夢，忽然找到了它反覆出現的緣由所在。雖不能穿越回戰爭年代，但我依然可以成為帶兵領將的將軍，筆是我的武器，文字是我的戰馬，而我想守護的是在生活中困頓的人們，我要斬除的是他們心中對自我的陌生感。征服城池遠不如征服自己有意義，而開疆拓土意味著不再被虛幻的自我蒙蔽，為自己爭取更寬闊的人生之路。

把真實的心路歷程變成文字，這是我在諮商室以外能做的最好的事，願它們成為你的鎧甲，護你周全，也願它們變成你的武器，打破你與生活之間的壁壘。畢竟這一生沒有什麼比「了解自己」更重要的事了。

唯有一個通暢的自我，才能撫平內心的皺褶，翻越生活的溝壑。

Part 1

內耗與痴纏：沉迷在假我的遊戲

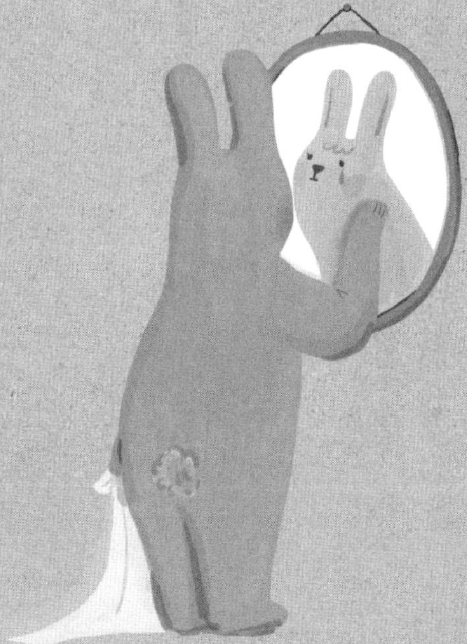

第一章 習慣成癮

1 取悅症

你對誰都好，就是對自己太差

一個朋友開了間工作室，他的公司網站出現了一些問題。我另外一個朋友懂些技術，就過去幫忙看看。他家住在石景山區，那段時間每個週末都往返於四十公里外的朋友工作室，並沒有怎麼休息。

說起來，他與這個朋友也並不怎麼相熟，不過是在一次聚會上認識的，且只有一面之緣，但對方開口，他又不好意思拒絕，只能硬著頭皮上。我的這位朋友確實是一位「好好先生」，平時工作朝九晚九，週末從不為自己著想，還要奔波勞累去幫別人的忙。生活中他是熱心腸，誰有什麼事都喜歡求助於他。不是因為他能力過人，只是因為他不會拒絕，哪怕委屈和犧牲自己也要為別人兩肋插刀。

他讓我想起我的一個遠房親戚，這名女孩當年因為男朋友不想留在廣州，便辭去了很有前途的外商工作，跟男朋友回到縣城，考上了公務員，結婚生子。她的生活除了照顧家庭、工作，還有一大堆「公益」要做。因為她學習成績一直都很好，又愛幫忙，所以親戚、朋友、長官、同事的孩子需要課外輔導時都找她，也因為她略懂投資理財知識，所以也經常毫不客氣地被眾人當作家庭理財顧問。

幾年不見，我發現她蒼老了許多，生活裡完全沒有只屬於自己的時間與空間，只要有點空閒時間，都忙著幫助別人。我問她這樣快樂嗎？她說太累了，起初那點快樂早就消耗殆盡，現在就希望能甩去這一身麻煩，輕鬆地過自己的日子。她還想著空出時間做其他事，但因為時間和精力都耗費在幫別人的忙上，根本無暇安排自己的人生。

我們身邊可能不乏這樣熱心腸的人，或者你也是這樣，對別人很好，只是對自己太差。整個人就像在為別人而活，無私到讓人總是止不住讚嘆他們高尚的品格。只要別人開口，無論是力所能及還是要費九牛二虎之力才能完成的事，他們都一口答應。他們可能自己過得捉襟見肘，還會慷慨地借錢給朋友；工作上已經忙得團團轉，還會擠出時間幫別人解決麻煩；在親密關係中，他們不捨得買衣服給自己，卻捨得為另一半一擲千金。在滿足別人需求的同時，他們還隱藏著自己的欲望，捨棄了太多自我。

取悅的表現❶——極端無私

我承認，的確有部分樂善好施者，他們尋找人生意義的方式就在於幫助他人，並且在這個過程中會感受到十足的成就感和價值感，拋開深層的東西不談，至少他們是快樂的。但另一群人，看起來也同樣一身俠肝義膽，也的確在為別人的福祉不停奮鬥，但是他們忽視了自己的感受，他們不快樂。為了成全他人，常常委屈自己，屢次想要拒絕別人的求助，終究還是吐不出一個「不」字。

這樣的人，心理學家給他們取了一個名字——「看管人性格障礙」或「取悅症」。這種對他人太友善的無私性格是一種病態，極端無私是一種用來掩蓋一系列心理和情感問題的性格特徵。他們友善的背後通常是痛苦、孤立、空虛、罪惡感、羞恥感、憤怒和焦慮。

這樣傾其所有取悅他人的人，並非為獲得某種利益而刻意討好，他們只是對拒絕和敵意有著天然的畏懼和焦慮。可能他們從小就在學習如何避免因拒絕他人引起敵意，因此戴上友善的面具，只考慮他人而忽略自己，其實是因為他們希望能「被人需要」。

被需要是一件多麼體面又風光的事——這說明你不是一個無用之人，說明你在他人眼裡有著熠熠生輝的價值。像一匹良駒終於在人群中被伯樂發現，那種興奮和激動真是難以掩飾。

沒錯，每個人都會透過別人對我們的回饋來確認自己的價值感，但別忽視，這樣的價值感只是我們建立自我認同的一部分來源。正確的自我認同首先應基於良性的自我回饋，而完全建立在他人評價上的自信，就像搭建在沙塵之上的高樓，風吹沙動，並不牢靠。

一旦有一次你沒能滿足對方的需求，這種失落和價值喪失感便會如影相隨，讓你痛苦、焦慮，產生深刻的自我懷疑：「我沒能幫上忙，我真沒用。」

取悅的表現❷——過分善良

除了獲得價值感，有取悅症的人還追求情感上的滿足。為了獲得愛和溫暖，他們自認為需要投其所好，討好別人。他們的內心暗示是：「要讓別人喜歡我，這樣我才能生存下去。」抱持著這樣的生活邏輯，他們漸漸形成了討好型的人際交往策略。

根據薩提爾理論，人與人在交往過程中會有四種應對策略：

❶討好型：壓抑自己真實的需求和感受，以他人的喜好為標準，迎合他人以保護自己。

❷超理性型：不近人情，絕對理性地分析一切問題，實則是為了保護自己免受傷害，而將自己的感情、情緒完全封閉起來。

❸指責型：將一切問題歸咎於對方，保護自己不受傷。

❹表裡合一型：心理與行為呈現統一的狀態。

在不同的人際交往情境中，我們可能需要採取不同的交往策略，健康的人際關係也同樣需要因人而異的方式。但討好型的人，始終如一地以跪地仰望的姿態與人接觸。當取悅症越來越嚴重，他們不僅會積極回應別人的需求，還會主動去迎合。這漸漸成為他們的人格面具，在不斷的自我暗示和他人的回饋中，強化著自己「善良、樂於助人、無私」的對外形象。這樣的對外形象還常常會成為被人利用的原因。**原本他們只是把善良當作人際交往的潤滑劑，卻未曾想到，過分善良也會害了自己**。

因為覺得你不會拒絕，所以旁人會習慣性地向你索取，必要的、不必要的事情都來求助於你；因為覺得你總是為他人著想，所以旁人會處處以自我為中心，不以為然地忽略你的感受。

取悅症患者可能會感到被辜負、被欺騙，卻始終不願意從這種模式中尋求解脫，因為他們已經形成了固定思維模式——別人不滿意是因為自己付出的還不夠多，別人不開心是因為自己還不夠好，所以別人的剝削只會讓他們更努力地討好。

他們不是天生媚骨，也並不虛偽，他們只是感到無能為力，對說出拒絕無能為力，對放棄自己習慣性的迎合無能為力。

終止取悅，過好自己的人生

如果你還想過好自己的人生，就不能只為別人的福祉忙碌。首先，你要學會分辨哪些忙該幫，而哪些事情確實超出了自己的承受範圍。即便你幫了，不但會讓你勞累、收不到應有的感激和回饋，也犧牲了自己的需求。**有效的分辨方式是基於人際關係的親疏遠近，也就是說依據他人對你而言的重要程度，來決定是否幫忙**。

有很多人可以稱為朋友，但不是與所有人的交情都相同，他們和你的心理距離也各不同。取悅症患者的內心焦灼，常常就是因為他們把所有人都放在了同等重要的位置，就好像所有人都緊緊地簇擁在心間。實際上，在這樣密不透風的空間裡，他們只會感到更加窘迫、急促、呼吸困難。

每個人都是帶刺的，交往時不能保持一定的心理距離，只會讓你在感到溫暖時被刺傷。跨越遙遠的心理距離奔到他人面前為他人解決麻煩，是一種心理資源的巨大消耗。

首先，請確認對方對自己的重要程度。

在我們的生命裡，很多人都是出現了又消失，朋友來來往往，愛人有離有合，很多感情目的不純，去向不明。我們手裡能真實握著的感情，到底有多少呢？所以，下次給予善良和愛心之前，請先問問自己，這個人、這件事，是否重要到需要你先把自己丟在一旁。

其次，請先確認自己「有餘力」。

我認為對我們非常重要的人而言，最真摯的給予就是「只要你要，只要我有」。但是，這個「有」是以自己「有餘力」為前提條件的。完全不考慮自己的需求是對自己無愛，那還怎麼愛別人？

不妨想想飛機起飛前播放的安全須知，當遇到緊急情況時，無論如何都請先為自己戴上氧氣罩再來幫助他人，否則，害人害己。把自己掏空去幫助別人，在現實生活裡並不是那麼偉大，並非每個人都是英雄，也不是所有人都值得你赴湯蹈火。

最後，學會自我設限和拒絕。

當你確定這件事確實幫不到、做不了，當你判斷這個人不值得、不至於時，請用不帶有敵意的堅決告訴他們：「抱歉，我幫不上忙。」

判斷一個人在社交中的心理成熟度，要看他能否自如地對別人說「不」，同時能否接受別人的拒絕。能夠說「不」和能夠接受被拒絕都需要自信和勇氣。不會拒絕也不能自如地提出要求，又怕被別人拒絕的心理狀態，在心理學上稱為「拒覺敏感」。

拒絕常常和否定相連。你總感覺拒絕別人是在否定對方的價值，正是因為你會把這個想法投射到他人身上，所以你也同樣害怕拒絕他人。你希望自己是無害的，是利他主義的，你不想傷害別人的自尊，所以你不拒絕。

怕說「不」的人，在過去的經歷和人際環境中，一定存在著很多「不許……」的規則和約束。在「不許……」的語言暴力下，人的行為在無形中被一種勢力控制著，總是聽到和遭到「你不能……」「你不要……」「你如果不……就會……」的指引，腦海裡容納了過多與「不」相關的內容，一個人的個性裡會漸漸形成對「不」的高度敏感，這是人在文化禁忌影響下，害怕被拒絕的原始創傷。

不拒絕並不意味著能夠避免和減少傷害，當你因不忍拒絕或能力不足而不得不為難自己也耽誤他人的時候，只會在無盡的拖延中傷害彼此，**面對他人的求助，拖延才是最殘忍的拒**

絕。所以，拒絕也要及時開口，講明原因和表達真誠的歉意，也是一種尊重他人的解決方式。

任何對這個世界的善意和愛，請先以「不破壞自己的生活」為前提，適度的犧牲和忍讓是一種美德，但沒有任何一個人、一件事值得讓你放棄自己的生活，不留一點愛給自己。

如果你不能停止這種不斷付出以取悅他人的心態，你將會一直跪在別人的心裡，難以抬頭挺胸，最終的結果是犧牲自己的人生，換來他人習以為常地接受這份好。

2 自證預言

你擔心的事，總是很容易發生

你有過類似的經歷嗎？像是：

❶明天早上有很重要的會議，你擔心遲到，最後你真的遲到了。

❷排隊買票的隊伍有兩條，人數差不多，你總覺得自己站的那一排速度比較慢，結果真的如此。另一條隊伍裡比你來得晚的人都買好票走了，而你還在排隊。

❸你總是擔心會跟父母產生爭執，結果越擔心，爭執越多。

❹曾經的戀人劈腿，你心有餘悸，再次戀愛時你害怕同樣的劇情重演，沒想到，竟然真的又因為對方出軌分手了。

即便沒有過一模一樣的遭遇，也肯定有過相似的感觸：你越擔心的事，越容易發生。它像一個莫名的詛咒，頻頻應驗，讓你不僅擔心困擾，還要承受隨之而來的糟糕結果，簡直就是雙重傷害。你明明為了避免壞結果的出現做出了諸多努力，但依然無濟於事，你或許以為這就是宿命，是躲不過去的詛咒。

其實，沒有什麼宿命，施加所謂詛咒的人就是自己。你在無意識當中促成了那些你擔心的事的發生。這種無意識包括兩種情況——「選擇記憶效應」和「自證預言」。

選擇記憶效應

回到前文提到的四個例子，前兩個就是「選擇記憶效應」的最佳說明。那些你擔心的事的確發生了，但你的記憶愚弄了你，讓你誤以為這件事發生的可能性更大，甚至是絕對會發生。這並非你的大腦或記憶出了什麼問題，而是正常、普遍的現象，但如果你沒有意識到這件事的原理，就會為生活帶來困擾。

我們的大腦每天都會處理龐大數量的資訊，但並非全部的信息都會進入記憶空間。記憶也是有「篩選漏斗」的，有一些被篩掉後會被我們遺忘，有一些順利通過「篩選漏斗」，進入記憶容器裡，被我們記得。

這個「篩選漏斗」絕非隨機選擇哪些資訊會被淘汰、哪些信息會被留存，它有自己的運作機制。這個運作機制比較複雜，其中有幾個因素很重要，第一是資訊本身的重要程度，第二是你的情緒，第三是你的認知加工。**資訊越重要，越容易被記住；情緒越強烈或越負面，越容易被記住；對資訊的加工越精細、越複雜，也更容易被記住**。

一場會議是重要的，遲到會讓你產生自責、內疚等負面情緒，你又會因為這種自責產生更複雜的思考，比如回想你為什麼偏偏在重要的會上遲到，你本不應該遲到，這件事與「記憶漏斗」篩選資訊的運作機制完全吻合，因此更容易讓我們留下深刻印象。

這跟我們常說的「人總是更容易記住痛苦」是相同道理。雖然每個人都更願意留住美好的回憶，但挫折、失望、愧疚等負面的情緒體驗，往往會更容易引起身體的變化，也會在我們的認知世界裡被反覆琢磨和加工。如此看來，痛苦自然會留下更多痕跡。

這種痕跡帶給我們的，往往是對事件進行選擇記憶，忽略了那些你擔心的事並沒有發生的情況，因為它們在你的認知裡是順理成章的結果，不會引起你過多的情緒體驗，也不會讓你對這件事牽腸掛肚，它便會消失在你的記憶裡。所以，你擔心的事情的確發生過，但也有如你所願沒發生的時候，是你的選擇記憶愚弄了你，讓你產生了錯覺。

自證預言

再來是第二種無意識，即「自證預言」，一個聽起來很玄妙的詞，還有種宿命的感覺，但理解它你就會明白，所謂的宿命都是自己設定的。自證預言的意思是，人會不自覺地按預言行事，最終令預言發生。而這個預言其實是你對事情的看法，例如，面試之前，你覺得準備沒有用，面試不會成功。

最後，你雖然做了面試準備，但預言還是實現了，你真的沒有成功。是準備真的沒用嗎？未必如此。因為你懷著「面試不會成功」的負面認知，所以即便準備了，在面試過程中你也還是對結果持懷疑態度，你難以集中精神全力以赴，那麼之前的準備不過是走過場，你並沒有讓它發揮真正的作用，最終面試失敗。這個例子說明了你的認知會影響你的行為，行為導致了不好的結果，最後真的驗證了你最初的認知——做這件事是沒用的。

你的認知又是從何而來呢？它不是憑空出現的，它受個人經驗和情緒的影響。這種自證預言的罪魁禍首，就是擔心的情緒狀態。

當我們處於擔心的情緒中，會有一種缺失安全感的體驗，而安全感的缺失又會推動著我們處處警惕小心，對他人的態度也會產生相應的變化。所以這種「擔心什麼來什麼」的事情不只會發生在自己的身上，也會像頁二十五提到的第三、第四個例子一樣，左右別人與你的關係。這是因為我們的行為會影響他人對待我們的態度和行為。

如同第四個例子中，那個遭遇過出軌的人，他非常擔心在新戀情中再次發生同樣的事，所以會擔憂、害怕和警惕，這些情緒會讓他不信任自己的伴侶，對方跟異性同事吃飯或跟異性朋友說話，這些在他人看來很平常的事，也會被他當作危險的信號。他對待這些信號的處理方式可能是質問、要求對方解釋，甚至偷偷查看對方的手機。

諸如此類不信任的行為會讓對方感到不被尊重和信任，也難以建立安全感和信任，進而逃避追問、隱瞞真相。久而久之，在關係當中長期壓抑的不快狀態，或許會促使對方尋找新的感情依靠。

看起來，自證預言不過是我們給自己設置的圈套，有時這種預言是沒必要的，是虛假的。有個經典的心理學研究叫「疤痕實驗」，參加實驗的志願者們被告知了實驗目的：他們將透過以假亂真的化妝技術，變成一個面部有疤痕的醜陋者，然後在指定的地方，觀察和感受不同的陌生人對自己產生的反應。

志願者們在化妝過後，透過鏡子看到自己面帶疤痕的醜陋樣子，而後在他們不知情的狀況下，臉上的疤痕已經被處理掉，他們走出去面對陌生人時其實是以真面貌示人。實驗結束後，志願者們報告他們感受到的陌生人反應，無一不是對自己感到厭惡、缺乏善意，甚至認為別人會盯著自己的疤痕看。

實際上，他們的臉上根本沒有疤痕，志願者之所以會得到那樣的回饋，是因為他們認為自己臉上有疤痕、很醜陋。**你覺得自己是面目可憎的，才會認為別人也覺得你面目可憎**。心裡有疤比臉上有疤還要可怕，它會讓我們對自己產生懷疑，對他人產生懷疑，對人生消極抵抗，這道心裡的疤就是你自證預言的證據。從這個實驗當中我們應該明白，某些自以為的東西或許根本不存在。

比起不斷懷疑，不如積極行動

所以，「你擔心的事情總是很容易發生」這個題目是個偽命題，放到浩瀚宇宙中來看，不過是千萬件事當中的一個，它的發生有其難以更改的自然機率，沒有絕對，沒有必然，但的確有可能會被人為調整和改變。

這種人為的調整和改變，絕不是你的「擔憂」，雖然適度擔憂會產生保護作用，但別忘了一個詞叫作「過猶不及」，過度擔憂只會使操縱命運的輪盤，朝著我們擔心的方向加速旋轉。

我們能做的就是把握好影響事情發展走向的內因，透過積極行動降低糟糕結果發生的可能性。害怕遲到就早一點起床；擔心爭執和吵架就保持心平氣和，坦誠溝通；懷疑對象出軌就多考察一段時間再決定……。至於外因，我們確實沒辦法左右，但接受它的發生，用良好的心態去面對，便不會遭受更大的傷害。

別忘了，我們手裡還有兩個武器，你可以選擇留下更客觀的記憶，也可以選擇去驗證更美麗的預言。

3 扭轉受害者心態

別再認為全世界都與你為敵

生活中總有一類人，他們過得不太好時，就認為一定是別人的錯，一定是被人迫害的。社會是地獄，他人有問題，就好像所有人生下來的使命都是來迫害他，就好像全世界都與他為敵。

我有一位男性朋友，他最愛的論調是懷才不遇，每次說到工作，他都氣得直跺腳。不是長官有眼無珠，就是同事搶他的風頭，總之這幾年換的好幾份工作都不適合他。他掛在嘴邊的話總是「不是我不行，是周圍的人總是排擠、打壓我」。

我的另一位女性朋友，戀愛經驗豐富，坦白講是分手經驗豐富。她每一次分手後都要把前任罵到狗血淋頭，包括：不體貼、不上進、控制欲強等，怎麼說都是對方的不好。她最愛說的話是：「要不是這些不值得信任的前男友耽誤了我，我現在早就已經結婚生子了。」

我看過一部電影叫《等風來》，女主角程羽蒙在公司處處感到不公，原本準備借工作之便踏上托斯卡尼風光之旅，最終卻被「流放」到條件不好的尼泊爾靜心老年團。可是就連這趟旅行也處處因團友的奇葩行為受阻，她一路都像個受氣包，認為要不是社會不公、他人連累，她也不至於陰差陽錯來到這裡。

在團友王燦幾次激怒和直言下，她終於意識到，儘管境遇糟糕、人心難測，但問題的根源還是自己。就像她幫自己取的筆名「羽蒙」，羽蒙是《山海經》裡的人形怪獸，它雖然有一雙翅膀，但是飛不遠。不怪那風，不怨那山，只恨自己翅膀太短。

生活裡這樣的例子比比皆是，這種心態簡直是這個世界上最常見又最難根治的慢性病之一。一般情況下，有這種心態的人最愛在生活中扮演受害者、弱者等苦情角色，且容易入戲太深，陷入荒誕的邏輯之中。

薪水不高是因為這個行業的薪資水準低、我沒升職，同事晉升了，同事還不是靠關係、談戀愛總吵架，都怪男朋友不爭氣等。

他們的現狀一定是慘烈的。是的，我沒有想讓誰在悲戚的生活中掩耳盜鈴，我確實能看到這些人過得不如意。可是，把問題統統丟給別人，自己一副事不關己的樣子，這樣真的能解決問題嗎？身為最關鍵的當事人，真的能置身事外嗎？

受害者心態，源於不想負責任

如果我們認為發生不好的事不是自己的錯，就不需要為它負責。如果我們不需要為它負責，自己就始終是受害者，永遠無法翻身。懷著受害者心態，你會逐漸在內心放大自己所遭受的不公平，讓自己成為一個真正的受害者，每天都生活在抱怨之中。

之所以會有這種看似不理性又有很多壞處的心態，最開始是因為它能夠給我們暫時的保護，這種保護就是心理防禦機制之一。

心理防禦機制是指在面臨挫折或緊急狀況時，我們的心理會產生一種適應性傾向——自覺或不自覺地擺脫煩惱，減輕內心的不安，以恢復心理的平衡與穩定。

當我們遇到問題時，如果把責任都歸咎於別人，這可以在某種程度上減輕自己的內疚，也會減少無力感帶來的自卑。畢竟這樣做的成本很低，既不必承認別人有什麼長處，也不必找機會提升自己，只需要站在原地發脾氣就可以了。這樣看似可以一勞永逸地解決我們遇到的不公平問題，反正都是別人的錯，我們只是在被「虐待」，於是最終成了一個「受虐狂」。

這是心理防禦機制使用過度所產生的必然惡性結果，即「退縮行為」。我們在困難面前不積極主動地解決問題，而是選擇退縮。怨天尤人是我們唯一的回應。

其實，經歷不公平的對待或生活的打擊之後，你本來只會受到一百種傷害，但因為你的心態，這種傷害會擴大，最終感受到的傷害可能是兩百種。**因為任何心理創傷都必須有受害者的「配合」，才能夠形成**。你越是故步自封，把自己定位成受害者的角色，這種傷害就越猛烈，就像用顯微鏡觀察自己的傷口，你的眼中容不下其他。

受害者的姿態還會讓你不斷地顧影自憐，約翰．W．加德納（John W Gardner）說過：「自憐很容易成為最具破壞性的非藥物性麻醉。人會對此上癮，將事件中受害的部分剝離出來，以得到短暫的安慰。」

在這種自憐的狀態下，人會覺得整個世界都與自己對立，陷入僵局。如果不採取行動，人就會迷失在憂鬱和自憐的恐懼中。這就是你給自己設定的惡性心理遊戲：受到傷害→別人的錯→我是受害者→我可憐自己→被動迎接傷害→不作為。

受害者心態的好處

當然，你遲遲不肯行動，還因為受害者心態給你帶來了很多好處，包括：

❶ 你會得到幫助

你會一直感覺別人對你不錯，因為他們會關注並幫助你，因為他們也覺得你是弱者，你可憐。但這樣的幫助不會持續太長時間，時間久了他們會厭倦，這就是所謂的「救急不救窮」。

❷ 你不用面臨風險

當你想做個受害者時，你會傾向於不採取行動，這樣就不用面對拒絕和失敗。畢竟承認自己的失敗會讓你更難過，而採取行動就可能出現新的風險，面臨新的困境。

❸ 你不用承擔責任

為自己的生活負責是件很艱難的事，有時你會因為它太沉重而想要卸責。把責任都推到別人身上就輕鬆多了，你不必痛苦地為自己的錯誤負責。

❹ 讓你感覺良好

當你覺得一切都是別人的錯，而只有自己正確時，你會感覺不錯，好像「眾人皆醉我獨醒」。可惜這一切皆短暫易逝，長期處在受害者心態裡，會讓我們越來越難以反省自身的問題，談何改進？我們會越來越容易怪罪別人，抱怨人生；它還會侵蝕你的人際關係，因為沒有任何一種關係不需要維繫和經營，而你只想等待別人改變。

逃離受害者心態

如果你還有一點野心，請從現在開始為自己的生命負責。工作不順是否不僅是因為職場環境惡劣、長官勢利？那個看似有心機的同事是否確實具備一些你沒有的能力？女友棄你而去是因為她嫌貧愛富，還是因為對你的不求上進感到失望？

如果你不能嘗試從這些角度思考自己的人生，那麼別人講再多都無濟於事。我知道那些多年養成的受害者思維，讓你感到親切又熟悉，但回頭看看，它究竟給你帶來了什麼呢？除了在你前進的道路上不停地扯後腿，它還會讓你更加顧影自憐，在每個深夜不停反芻發生的一切，並捶胸頓足問：「為什麼受傷的總是自己？」

請不要再糾纏於這個問題而拖垮自己。不如問問自己：「我能做些什麼來解決這個問題？誰能幫助我？我該從哪裡得到解決問題的資訊？」讓大腦多一些更富有建設性的想法，你就不會陷入受害者心態的囚籠，而是朝著解決問題的方向努力。

說不定你也會搖身一變，從受害者變成拯救者，拯救自己的生活。當然，我並不認為這個世界上時刻有公平和正義存在，比爾·蓋茲（Bill Gates）給年輕人的十條忠告中，第一條就是：「Life is not fair, get used to it.」（生活是不公平的，你要去適應它）。而適應的方式是消極還是積極，決定權在你的手裡。

「人必先自辱，而後人辱之。」若你不把自己放在一個受害者的位置上，別人也不會爭先恐後地來迫害你。總之，別讓受害者心態離間了你和更好的生活。現在改變，一切都來得及。

用實際行動去寬恕。「當你對另一個人抱有怨恨時，你必然要與那個人或環境，保持一種比鋼還要堅實的情感聯繫。寬恕是消解這種關聯並獲得自由的唯一方法。」在凱瑟琳·龐德（Catherine Ponder）的這段話中，你會找到選擇寬恕的最好原因之一。

只要你不原諒對方，你就始終和對方有關聯。你將一遍一遍想起那個冤枉你的人以及他做過的事。你們之間的情感是那麼強烈。你和你身邊的人，會因為你內心的混亂承受很多痛苦。

在你寬恕對方的同時，也意味著將自己從痛苦中解救出來。

4 受挫敏感

寧願認輸，也不願行動

假期跟朋友聚會，儘管幾個人境遇不同，卻有相同的焦慮。其中有兩個人已經陷入選擇題裡一年之久，遲遲沒辦法解決。

朋友A喜歡公司的女同事，經過接觸後覺得三觀一致，性格可人，多次想約她吃飯，都被自己的糾結擊潰。明明兩個人都單身，完全可以主動追求，朋友A卻顧慮重重。在我們眼裡，他大可不必這樣，歸根結底就一個原因——慫（編按：此為中國用語，即認輸、退縮之意）。

朋友B家境殷實，工作穩定，但她想要自己創業，反覆考慮了一年，還是遲遲沒做決定。其實她完全沒有後顧之憂，賺不到錢可以繼續回去工作，存款也夠她花幾年，她說糾結是因為她有選擇恐懼症，但選擇恐懼症只是表象，她的問題跟第一個朋友沒什麼區別，都是因為慫。

誰都不想當個慫人，也不喜歡聽到這樣的評價，但其實大多數人都很慫，內心被焦慮和恐懼折磨了千百回，卻還是默默忍受，就是不選擇、不行動，這不是慫又是什麼？只不過有時候，這種慫會被習慣性地粉飾成糾結、慎重、焦慮、拖延。有人想換工作卻連履歷都沒投過；有人好不容易拿到自己想做的項目，卻遲遲不肯開始。在失眠、焦慮、糾結、拖延的時候，他們內心都有同一個聲音：「如果我做錯了或失敗了，怎麼辦？」

慫的心理動機

慫是很多人焦慮、糾結的根源——他們太害怕出錯，害怕失敗，從而阻礙了自己選擇和行動。朋友A並不是沒有那麼喜歡女同事，他只是害怕追求不成功；朋友B也的確有創業的夢想，但是更擔心夢想破滅。跟失敗相比，他們寧願做那個「因為暫時沒有行動，所以沒成功」的人，也不想被印上失敗的烙印，他們對犯錯和失敗高度敏感。

還有另外一種說法——完美主義的陷阱。他們是所謂的完美主義者，詢問為何遲遲不行動，他們總是說自己要抽絲剝繭地分析所有因素，要經過仔細地權衡才能做出選擇，但實際這只是他們延緩失敗發生的權宜之計。他們以為只要做出完美的選擇就不會失敗。沒有失敗，就能一直擁有幸福的人生。但真相並不是如此，**那些做了所謂完美的選擇，規避所有失敗的人，往往最不幸福**。

有社會心理學家做過這樣一個研究，那些花費大量時間和精力，盡其所能做出自以為最佳選擇的人，的確在客觀上選了最好的，但主觀上他們對這個選擇的滿意度仍然很低，甚至會有懊悔和抑鬱的情緒。相反地，那些選了「差不多」選項的人，儘管沒有選到最好的，但他們的滿意度和幸福感更高。

在追求不會出錯的選項的過程中，你會投入過度的時間和精力，這些都會成為你做選擇的認知負擔，是巨大的損耗。所以儘管你選擇了一條看似最好的出路，但實際上你的認知負擔已經讓這個選擇過程變得非常不愉悅，又有多少幸福可言？例如，當你在是否要追求對方的問題上，花費了一年的時間糾結，體會到大量的焦慮，哪怕你終於邁出了那一步，最後成功了，但前期所有的焦慮和你付出的認知成本都不會消失。它們會疊加在戀愛的過程中，一開始就會讓你感覺這段感情好累，負面情緒太多，最後這段感情可能真的變成了失敗的體驗。反倒是那些能快速決定、勇往直前的人，才能以飽滿的熱情和充沛的精力投入選擇和行動中，他們會覺得這段關係的愉悅度更高，幸福感也更高。

不完美也有優勢

衝動是魔鬼，但過度害怕出錯和失敗比魔鬼還可怕，它消磨你的心智，讓你無論怎麼選都像在遠離幸福。失敗真的那麼可怕嗎？害怕出錯的「慫人」，其實高估了失敗的嚴重性，失敗或許會讓你更討人喜歡。

那些在社交中獲得高評價的人，往往都曾是「失敗者」。有一個經典的社會心理學實驗：參加實驗的人被分成兩組，每一組成員都會拿到一組照片，每一張照片上都有對這個人物的介紹，其實兩組成員拿到的照片都一樣，但人物介紹不同。

第一組拿到的人物介紹都是很成功的人，大多是管理成功的企業，或是有厲害的藝術天分，家庭幸福，子女健康成長，幾乎可說是完美的代表；第二組拿到的人物介紹很普通，他們之中有單親媽媽、有屢次創業失敗的中年男人、有些人第五次申請研究所考試，總之這些人的經歷中都有挫折和失誤。

最終讓小組成員為這些人物打分數時，成功人物的組別，其平均得分卻低於普通人物，小組成員普遍對那些有過失敗經歷、不夠完美的人評價更高。他們大多會表示：「單親媽媽很不容易，很厲害，儘管婚姻不完整，但是還在努力生活。」或是「失敗了四次還在申請研究所，能堅持自我是很可貴的。」

比起那些閃閃發光的成功人士，經歷過失敗和挫折的普通人顯得更為真實和生動，也是那些失敗讓他們更富有魅力，更能打動人心。

雖然實驗沒有下結論，但我想還有一種可能，第一組的完美代表其實並不存在，沒有誰的人生總是一帆風順，充滿鮮花和掌聲。失敗本就是平平無奇的存在，它是生活的別樣色彩，也是人生中的難得的經歷，誰說它不會成為一種收穫呢？

把犯錯當成目標

對失敗敏感和恐懼，其實不是你一個人的責任，社會環境都在推崇精確和完美。還記得你小時候考試考了九十九分，老師和家長卻總是不滿意嗎？他們總是會問你，那一分是怎麼扣的？工作後在會議上總結時，哪怕你取得了比之前更好的業績，老闆還是會問你為什麼沒能做得更好？戀愛也是如此，你做了九十九次完美男友，但因為一次沒能及時回覆對方的消息，對方就會責問不休。

這些問題並非真的在尋求一個答案，它們是一種責備，責備你沒有做得更完美，正是這些過於嚴苛的要求和不切實際的期望，讓一個個「慫人」反而不敢努力進取，視失敗為洪水猛獸，把苛責當成了合理的標準。

別人問你這些問題，看起來是要你變得更好，但本質上是要透過你變得更好來使他們滿意，你幸福與否只有自己最清楚，你的選擇和行動要有自己的標準，沒有什麼比自己的幸福更重要。

我曾經也是個害怕失敗的慫人，當然錯誤也沒少犯，也常失敗，當我重新去定義選擇和行動的標準後，我反而輕鬆了不少。分享一下我的經驗：給自己定下一個新的目標，這一年要犯錯五次或失敗五次，這樣做選擇的時候就能更快決定，也更容易獲得滿足。當錯誤成為目標的一部分時，我就沒有那麼多自責和愧疚了，也更能冷靜思考犯錯的原因。結果是沒那麼容易犯錯，而收穫的一切更像是意外的驚喜，很有成就感。

我覺得每個人都像容器，當你能容納更多，就意味著你能擁有更多。當你試著接納錯誤和失敗，也就意味著能儲存更多的成功和幸福。成長的過程就是不斷讓自己「擴充」，每個人都想爭取最好的選擇和最大的成功，但更可貴的是有敢於犯錯和失敗的勇氣。

5 選擇恐懼

陷入選擇，卻總有理由不做決定

以前一起工作過的實習生發訊息向我求助——到底應該留在現在的公司，還是換工作？距離上一次他向我提問「出國留學還是在國內工作」，已過了兩年。雖然拋給我的問題不同，但無助和焦慮的心情絲毫沒變。

印象中他經常在面臨選擇的時候猶豫不決，大到工作方向，小到衣食住行，他的人生好像一直充斥著難倒他的選擇題。他的這個問題被稱為「選擇恐懼症」，這樣的人難選擇、易焦慮，很難果斷地做出決定。

生活中這樣的人有很多，每天一睜眼就欠生活一個答案——我該選什麼？你要是鼓勵他們快速做選擇，調整心態，他說不定會睜著一雙無辜的眼睛告訴你：「沒辦法，我就是如此糾結的人。」

糾結，是一種心理暗示

其實，他不是沒辦法，只是不想有辦法。選擇恐懼症是他給自己的心理暗示，糾結是他給自己的難題，他不相信自己能快速做出選擇。選擇焦慮背後的第一層真義就是，他用自我暗示阻礙著自己快速做決定。

通常我們認為自己是什麼樣的人，就會做出那樣的人該做的事。你認為自己是善良的，就願意幫助他人；你認為自己是誠實的，就會拾金不昧；你認為自己是弱小的，就更習慣於尋求保護；你認為自己是糾結的，才會在選擇面前左右為難。

你賦予了自己一個糾結的人物設定，跟你賦予自己幽默、懂事、善解人意、貪玩、好奇等設定並無差別，每一種設定都會促使你過上對應的人生。雖然糾結並不是一個積極的信號，甚至有些負面，但有時它依然有著正面的意義。

因為糾結必定使你思前想後，跟衝動脫離關係，這樣的狀態會讓你認為自己是個考慮周全的人。只是你誤解了兩者之間的區別，做出了錯誤的判斷，過度分析利弊、過長的選擇過程不但不周全，還會讓你進入一種不堪重負的糾纏不清狀態。

你或許享受深思熟慮的過程，因為這說明你在用理性處理問題，你會欣喜自己是一個成熟的人。但最後它將變成一種折磨，因為每一個選擇的落地都在於做出決定並付諸行動，而你遲遲不肯落筆，一片空白的答卷讓你更加焦慮。

如此循環往復，糾結這一設定加劇了你的選擇焦慮，選擇焦慮又會再次驗證你的糾結。你如果不跳出這個怪圈，就永遠像一頭戴著眼罩圍著磨盤打轉的驢。當然，並非所有選擇恐懼症的人都是「慣犯」，他們可能偶爾遇到這樣的困境，但反應是相似的，「選擇恐懼」只是表象。

「選擇恐懼」只是表象

有趣的是，選擇恐懼大多始於你的生活出現問題，選擇困難只是一個表象。就像你的免疫力出現問題，它可能會反映在皮膚過敏上，也可能反映在感冒發燒上，你要擊退的不只是身上的一片紅疹和一場高燒，只有提升免疫力才能從根本上解決問題。

回到最初的問題，我的朋友到底是該留在現有的工作上，還是應該選擇新工作？他糾結了兩個月為什麼還沒有答案？選擇哪個並不是最重要的，重要的是，他一直沒有弄清楚自己的職業方向和目標，他對自己的人生仍然感到迷茫。一路走來，他始終不夠果決，這是因為從一開始他就不清楚自己真正要的是什麼，自己真正適合什麼，以自己的能力和條件究竟適合什麼樣的選擇。

將這個根源問題窄化為兩個選項的利弊分析是無法解決的，你只有像對付亂成一團的毛線一樣，順著線頭找到打結處再一點點解開，而不是急於決定用這團毛線去織圍巾或毛衣。

還有一部分人會將真正的問題隱藏起來。糾結於要不要換個工作、跟女朋友去哪裡度假、買筆電還是桌機，看似是你目前最關心的話題，但實際上，你或許只是用做選擇來占據時間、精力，而這一陣子你本該去好好完成當下棘手的工作、解決你跟戀人之間的溝通問題，或思考個人存款如何規劃等。

你之所以陷入選擇並遲遲不做決定，是因為你害怕確定了答案之後你就不得不去面對那件你真正需要做的事。選擇的結束意味著你再也沒有理由躲避和拖延它。所以不如問問自己，在選擇背後，你真正的問題是什麼，你最重要的事是眼前這個選擇嗎？

你除了用選擇恐懼這個障眼法遮蓋真正的問題所在，同時還可能會神不知鬼不覺地被眼前的選擇嚇破膽。你以為這個選擇重要到能影響你的人生，所以戰戰兢兢地思索，小心翼翼地衡量，生怕一步選錯，無可挽回。

實際上，工作只是一份工作而已，戀愛也只是一場戀愛而已，它們雖然有重要意義，但絕不會像你以為的那樣一役敗北，便不能捲土重來。慎重做出對的選擇固然好，但的確沒有必要給一個選擇賦予過重的意義，天真地以為只要做對了一個選擇，人生就能從此一片坦途。

職業成就要靠積累，那些在某項任務上拔得頭籌的人，此前必定付出了很多不為人知的努力；美滿婚姻也需要夫妻雙方磨合，那些跟伴侶走到白頭的人，此前也在一次次戀愛失敗中調整了自己。如果你有能力支撐得住任何一個選項，或許就算最初沒有做出那麼完美的選擇，你也能走出一片天地；若是你本就弱小無能，即使選對了答案，也難善終。

重大的人生課題不會被一個選擇定局，更不必說那些微不足道的瑣事。買哪一雙鞋、穿哪一件衣服、去哪裡吃飯等都不過是小事，決定人生是否能真正散發光芒的，是做出選擇的那個你，究竟是怎樣的發光源。

糾結，是因為你害怕承擔結果

還有一種選擇恐懼來自於害怕承擔結果。你擔心失敗，失敗會讓你察覺到自己的無能。任何因果剝去外部因素之後，都不可避免地落在自身，那些傾向於內部歸因的人，更容易把失敗的原因歸咎到自身。

選擇錯誤帶來的失敗並不可怕，承認這一點也不可怕，可怕的是因為一個錯誤的選擇就把自己釘在恥辱柱上接受內心的拷打：「要不是我自己不夠好，怎麼會選錯？」「如果我足夠優秀，就不會失敗。」這哪是一個簡單的選擇？你簡直是把它當成了自己人生的判決書。但其實，這個選擇就像一本厚書的其中一頁，你不翻篇，就永遠停留在那裡，再沒機會書寫今後的成功。

想想有些奧斯卡獎得主也演過口碑不好的影片，但沒有人會說他們不是優秀的演員，因為一次失敗不足以否定整個人。把你苦苦糾結選擇、擔心失敗的時間投注到選擇後的行動之中，往往更能說明你是一個優秀的、執行力強的人。

選擇恐懼症的終點不是放棄選擇，而是盡快做出選擇。因為只有完成它，你才會跨越這道關卡，繼續前進。當你知道任何選擇都有利弊，當你明白真正的恐懼來自哪裡，做出這個選擇就沒那麼難了。

畢竟真正的人生不是選擇完畢就可以高枕無憂，選擇之後的行動才是開始。抬頭看看天高海闊，路途遙遠且漫長，眼下的選擇渺小如塵埃，你還有必要這麼糾結嗎？

6 冒牌者症候群

很怕被你發現，我一直在冒充另一個人

感到孤獨的時刻你會做什麼？有人會找朋友聊天，有人會去熱鬧的人群當中，有人會看書、看電影轉移注意力。無論選擇什麼樣的方式抵抗孤獨，不外乎兩類傾向，一種是與他人互動，一種是從自己身上尋找安慰。

我們常常是在發現沒有人可以真正交流的時刻，退而求其次擁抱孤獨。村上春樹在《挪威的森林》裡說過，有誰真正喜歡孤獨呢？不過是不喜歡失望罷了。而這種失望，其實不僅僅是他人帶給自己的，對自己的失望也會讓我們想要退縮。

誰會喜歡「劣跡斑斑」的我

在我收到的諸多提問中，有這樣一類人，他們很難開始戀愛，或者總是遇到無疾而終的

關係，身邊的好友也沒幾個，他們孤獨，卻寧願孤獨。他們總是覺得自己沒有別人想像中的那樣好，一旦關係更深入，他們就會暴露自己的種種缺點，結局依然是孤獨，那麼不如早點選擇遠離。

其中有一名女性說，儘管她聽到很多讚揚的聲音，從現實標準來衡量，她也是個佼佼者，但她總是認為別人的評價都是過譽。她列舉了自己的種種缺點，比如自我、懶惰、悲觀、笨拙，她覺得自己取得的成就不值一提，在她看來，得到的都是因為僥倖，而那些被隱藏起來的、有缺點的自己才是真正的自己。

這些留言讓我想起一個非常要好的朋友，她是一位女性創業家，事業成功，善良正直，在戀愛方面卻總是淺嘗輒止。在一次喝醉後她跟我說，她不敢談戀愛。雖然大家眼中的她漂亮大方，幹練果決，有主見又有責任感，但只有她自己清楚，她並不是大家以為的那樣，她從不敢以素顏面對男友，也不會一起過夜，理由很真實也很荒謬——她怕素顏不夠好看，睡覺時會磨牙，會被男朋友嫌棄。

她還告訴我一個祕密：「去年公司的重大決策，很多人都覺得我有遠見有智慧，但其實我糾結了很久，最終的決定是拋了一枚硬幣的結果。」無論有多少人給她正向的回饋，她都從未真正接受過，在她眼中，那個「劣跡斑斑」的自己永遠比不上別人想像中的，哪怕有千萬項優點和成就，都敵不過一個不足或失誤。

冒牌者的通病——害怕被拆穿

心理學中有一個詞彙來表示這類人，叫作「冒牌者症候群」，也稱作「自我能力否定傾向」，所謂的冒牌並非他們故意為之，他們只是無法認可自己取得的成就，肯定自身的能力和優勢，認為這些都是假象，自己不過是在欺騙他人，並且非常害怕被「拆穿」。

在這種困擾之下，他們會焦慮，會懷疑自己。為了消除這種困擾，他們會在生活和工作中付出超出常人的努力，在人際關係方面，他們的做法往往是迴避，一面努力證明自己，一面拚命隱藏自己，儘管如此，他們依然會覺得自己在冒充一個成功者。

冒牌者症候群跟人格面具並不相同，前者是無法內化自我中好的部分，而好的部分的確真實存在，後者是暫時表現出更好的自我，而好的部分未必是真的。所謂的「冒牌者」，只是一種錯覺，他們的確優秀，只是從未接納過自己。

冒牌者症候群的形成跟過往經歷有關，他們可能長期被忽視，取得的成績不被重要的人肯定，比如父母對孩子的表現缺少正向的回饋。即便孩子表現很好，父母也視若無睹，久而久之，孩子也會習慣性地否定自己，覺得自己其實就是不夠好；或者他們的優點和取得的成績並非是內心真正想要的，比如真正的興趣是音樂或繪畫，最終他們卻「誤打誤撞」在商業方面表現優異。

這種「沒有別人以為的那樣好」的想法會一直慫恿他們去努力，卻從未問問自己，這個想法是否經得起推敲？可以說，「沒有別人以為的那樣好」這個論點，其實幾乎是必然發生的，無論是否屬於冒牌者症候群，我們都會遭遇這種認知衝突的挑戰。人與人之間的了解充滿屏障，我們會發現每個人都跟我們以為的不一樣，那個堅強的同學其實會在晚上躲在被子裡偷偷哭，那個高冷驕傲的同事其實熱衷公益，那個理性睿智的上司在感情生活中感性得一塌糊塗。同樣，無論我們表現得多麼無懈可擊，最終都會跟別人的想像發生衝突。即便有一萬個成就證明自己很好，人的複雜多面性也決定了總會有人看到我們忽視的人性角落。

做真實的自己更吸引人

當你清楚地知道一直以來驅動自己的想法，不過是每個人都會遭遇的問題時，才能真正地放過自己。你不是為了跟其他人眼中的你保持一致而活，也不必想盡辦法去迎合別人的期望，這些嘗試都是徒勞。他人的失望幾乎是注定的，但你可以不讓自己失望，那就是做真實的自己。

擔心真實的自己不被他人喜歡，其實是最大的誤區，在穿透層層表象後，人們最喜歡的還是真實，這種喜歡不是因為你多優秀，而是因為你是你。那些擔心不被他人喜歡的時刻，其實折射的是我們還不夠喜歡自己，沒有從內心真正接納自我。歐文．亞隆（Irvin Yalom）說：「人要完全與另一個人發生關聯，必須先跟自己發生關聯，你與自我連接的方式正是你與他人連接的方式。」

我們隱藏真實的自己，不敢用真我示人，否定自己的優點，拒絕了更多跟他人發生聯結的可能性。

喜歡自己，是一生的功課和練習。換一種眼光看待自己，你會發現，軟弱無力也有可愛的一面，偶爾的懶惰懈怠也可以理解為鬆弛自然。**冒充一個完美的人，不如坦然地展現真實，真實才是一個人最吸引人的品格**。只有當你願意展示真實的自己，才有可能交到真正的朋友，才會被人真正愛著。

《慾望城市》裡有一段我每次看都會感動的情節，米蘭達面對史蒂夫的同居邀請時驚慌無措，她不再是那個別人眼中無堅不摧、無所不能的「女強人」，當她表露出「不為人知」、

「不夠好」的那一面時，她依然得到了溫暖的擁抱。
你可以固執，可以有很多不夠美好的缺點，但勇敢地愛自己、愛別人，可以讓你成為那個即便沒有想像中好，卻仍不想讓人失去的存在。

第二章
情緒內耗

7 情緒隔離
你的悲傷，應該被看見

我發現安慰這件事變得越來越乏善可陳了，好像沒有什麼新的詞彙再能讓人眼前一亮，雞湯多濃也禁不住翻來覆去地加水熬製，那些「你要樂觀點」、「不要不高興」等空洞話就更是泛泛而談，甚至讓人生厭。

科技發展如此之快，至今卻沒有什麼東西可以在處理情緒方面帶來幫助。雖然電商發展前景看好，但的確沒有販售改善心靈痛苦的良藥。

悲傷沒有「止痛藥」

人類雖然有智慧，可是直到此刻，處理悲傷還是要依靠人工作業。儘管你很富有，但心靈的煎熬是躲不掉的。假裝沒事的你哪怕再痛苦，還是會嘴硬打死不承認自己悲傷，想哭的時候說風太大吹紅了眼，酒太辣嗆出了眼淚。但私下你還是有不切實際的幻想，渴望快速治癒悲傷。

於是你憋著一口氣，偷偷跑到網上問微博大Ｖ、知乎ＫＯＬ、自媒體達人，說不定他們有什麼祕訣。然而，有著幾百萬粉絲的情感博主在網上侃侃而談，但她難過時也是回到家一個人哭。永不悲傷的方法是不存在的。

也經常有人對我抱有盲目的期待，會問我一些讓我一個字也不想回答的問題，像是：

❶ 我最近心情很不好，怎樣做才能變開心？

❷ 我失戀了，多久之後才能忘了他？

❸ 找工作壓力很大，有沒有快速調節心情的方法？

他們看似求生欲很強，到處尋找方法，但其實最大的訴求是快、狠、準地擺脫悲傷，他們無心跟悲傷戀戰，只想快點擺脫。悲傷就那麼可怕嗎？每個人都不想遇見它，遇見了又不想被它打敗。我曾經認識一個很酷的女孩，她說她太忙了，忙得沒時間傷心，無論遇到什麼事情，心情多麼糟糕，最多一小時就能復原，之後該做什麼做什麼。她連悲傷都有時間安排表，好像在下一個任務開始之前，只需要一個鬧鐘，悲傷的情緒就能結束。很多人都希望如此吧，期待悲傷如同生病，最好有藥醫，並且明確地告訴你幾天後可以復原。

的確，身體上的痛苦好像都存在著一個有效期，你可以透過外力讓痛苦及其根源消失。藥物讓人安心的地方不僅是讓你減少痛苦，它還會明確地告訴你一個時間期限，比如，服藥一週可見症狀明顯消退。我們對待心理上的痛苦，也會有這樣爭分奪秒的要求和預期，但悲傷和痛苦的緩解和消退從來沒有精確的藥物說明書。

我們之所以如此迫切地想消除負面情緒，不僅僅是因為不想承受痛苦，有時也因為我們不敢面對那些負面情緒。對很多人來說，負面情緒有遠超於它本身的意義，是羞於啟齒的錯誤。我們總覺得悲傷像軟弱的同義詞，會被人看低；痛苦會傳遞，會使我們不被別人喜歡；難過不能輕易暴露，以免被人當成軟肋。我們想盡快消滅負面情緒或用理性去壓制它們，就好像我們真的做錯了一樣，要認錯、要糾正、要勉勵自己、要向他人保證：以後不會了。

可是悲傷有什麼錯呢？它其實就像一場感冒，它會來也會走，你只需要承認它、處理它。雖然你可能還會經歷下一場感冒，但上一次的經驗總會反省出新的體悟，至少你不會再手忙腳亂為它的出現感到焦慮。

悲傷需要被尊重和看見

如果你害怕面對悲傷，最大的可能就像我在開頭說的那樣，你安慰不了自己，也習慣於對別人的悲傷視而不見，除了強行讓自己振作，用勵志名言和心靈雞湯鼓勵自己，你根本不知道如何去回應他人。

我常想，人和人之間究竟是從什麼時候開始變得冷淡疏遠的呢？大概就是你坐在另一個人的對面，但你說的話他一個字都沒聽進去，你的情緒他也閃躲得一乾二淨。你多希望他能明白，可是在你傾訴的時候，他的感官偃旗息鼓，只有大腦在運轉，想好解決問題的方法，然後趁機給你上一課。

誰都有滿肚子的生活經，沒有解決不了的問題，但也有很多不肯關照你心情，不願去你心底看一看的人。他們看不見你的悲傷，所以想當然地以為你需要的就是那些信手拈來的鼓勵，如果有安慰排行榜，我想有幾句話一定榜上有名，像是：「會好起來的。」「沒事的。」「你往好的方面想一想。」

你想談談你的心事，對方會強行讓你閉嘴，他們似乎不允許你表達負面的言論，因為他們承受不了，**一個連自己的悲傷都沒被看見的人，面對別人的情緒也會用同樣的方式：情緒隔離、否定或轉移**。

上週在賣場等電梯時，一個小男孩剛結束滑冰比賽，可能成績不好，媽媽問他為什麼不往前衝，他回答害怕，還沒等孩子說完，家長就怒不可遏：「這有什麼好害怕的？你不往前衝，怎麼能得第一？某某就是比你膽子大，他怎麼不害怕？」孩子嚇得一句話都不敢說，噘著嘴低頭走進電梯。

很多人都如同這個「媽媽」，感受不到別人的情緒，哪怕對方已經表達了自己害怕、難過、不開心，他們卻始終像沒聽見一樣，不肯對情緒有任何正面回應。他們會數落你為什麼會有負面情緒，這種負面情緒沒什麼用，好像面前的人不過是個機器，只要輸入指令，對方就一定能做得到。

他們不許我們悲傷，他們不讓我們觸碰悲傷，以為這樣悲傷就可以不存在，卻不知道他的逃避和視而不見，只會讓悲傷更悲傷。其實，安慰沒那麼難的，不需要喋喋不休，只需要給對方完整表達悲傷的時間和空間，然後真誠而勇敢地去面對別人的情緒，試著了解悲傷後面的東西。

最好的安慰是允許悲傷

從感性層面理解，而不是急於從理性層面去評價和建議，這就已經在「看見」悲傷了，而悲傷只有被真正看見，才有流動的可能，這種情緒的流動，才是人與人之間拉近距離的關鍵。

你是否知道，那個在跟你說話的人，其實沒那麼迫切地想知道具體的建議，他只希望你能看一看他的悲傷，只想在那一刻有個人可以關注他的小情緒。

堆積、封存情緒，只會把人固定在悲傷的位置上無法動彈，無論是對別人還是對自己，都請記得，每個人都有悲傷的權利，它不應該被禁止，不應該被限制在有效期內，只有開放地對待悲傷，它才能被治癒。

前段時間看《經常請吃飯的漂亮姐姐》，男主角對女主角說：「以後不會再讓妳藏起來了，我保證。」面對悲傷也是如此吧，別因它習慣性地被忽視而再一次隱藏它。希望以後我們都能有一個專屬的悲傷時刻，別藏了，讓它見光吧！

8 表達無能

除了生氣，你什麼都不會

某個週末晚上我在社區散步，走第一圈時就遇到一對情侶在路邊吵架。男人幾乎是咆哮著問女人：「妳就這麼一走了之，妳在乎我嗎？」一聲比一聲憤怒。我經過的時候女人在哭，當時的我已經不由自主地在推理，一定是女人要分手，男人在控訴。

走到第二圈，局勢發生了反轉。男人在哭泣，女人在安慰：「最多半年我就回來了，工作的事也不是我能左右的，我也不想走……」在好奇心的驅使之下，我假裝使用健身器材，潛伏在他們附近，大概了解事情的來龍去脈。

原來女人工作調動要去外地半年，男人不滿，借著喝酒發脾氣，先是指責她做錯了，氣氛劍拔弩張，好在最後表露真情，說他不捨得她。最後，我看著兩個人和好如初，手拉著手往家走，既欣慰又不禁唏噓，這是何必？如果一開始男人能好好地表達「我捨不得妳，我難過」，女人大概也會回應「我也不想跟你分開」。這不就是一則溫馨的戀愛插曲，是愛情回憶裡美妙的一筆，為什麼非要吵架呢？

當然，故事也不是沒有另一種可能性，憤怒之下，兩個人一拍兩散，就地分手。想到這，我都為他們捏把汗。待到散步第三圈，我想起了一件自己經歷過的事。一次跟朋友約好下午看電影，已經提前溝通過時間，因為他晚上有事，所以約定看完電影各忙各的，沒想到他計畫有變，晚上空出來了，而我晚上有其他重要事，不能陪他。看完電影，我想多跟他聊幾句，決定即使不順路也要送他回家，即便如此，他下車的時候還是重重地甩了車門，跟我發脾氣。

我當時整個人都呆住了，問他我做錯了什麼嗎？他說沒有。雖然沒有吵架，但空氣裡都是火藥味。當晚我們把話聊開了，他因為晚上沒能一起吃飯不開心，覺得很遺憾。他的本意其實跟之前的男人很像，難過、不捨，動機基本上也一樣。

想讓對方知道自己心情低落，希望得到安慰，但表達的時候一切都變了，內心所有的複雜情緒都只有「憤怒」這一種表現形式，言語傳達的意思都是「對方犯了錯，對方有問題」。

憤怒只會召喚出憤怒

很多人都有過類似的經歷，明明自己沒做錯什麼，卻承受了別人莫名其妙的怒火。有時發脾氣的人是自己，藏了一肚子委屈，一張嘴卻滿滿的都是怒氣，都是不滿，好像除了憤怒，我們什麼都不會。

為什麼會這樣呢？我們為什麼只會發脾氣，卻不會如實表達內心的想法？不得不說，我以前也容易憤怒，再加上表達能力不錯，結果一般都是對方認錯討饒，我「贏」了，得到了「道德勝利感」，但事後冷靜下來我發現，我還是輸了。我想要的根本不是贏得吵架，也不是要對方認錯，我只是想表達「我在乎、我脆弱、我需要你看到我」。但因為這些真實的底層情緒太過柔軟，我們會本能地覺得它沒有力量，所以不自覺地想使用「武器」，這種武器就是憤怒。

一個人憤怒的時候，聲量會提高，語氣會加重，說話時上綱上線，這一切讓我們造成一種錯覺——這樣的表達才會引起對方的關注。我們用憤怒、發脾氣來強調自己正義、正確，我們覺得用震懾的方式才安全有效。與之相反的是，表達委屈是暴露自己的脆弱，讓我們覺得自己處於弱勢地位，只能任人宰割。但這些「自以為」讓我們付出了代價，發脾氣的時候我們的確能暫時引起對方的關注，瞬間把自己抬上了道德制高點，可之後呢？

回想我們自己面對他人發脾氣的第一反應是什麼呢？我們被激起了憤怒的情緒，我們聽不進去對方說什麼，甚至無論對方說了什麼，我們都只會覺得沒道理、他說得不對，最後變成了一場「對與錯」、「是與非」的爭論，兩敗俱傷。憤怒只會召喚出憤怒。

表達要柔軟，對方才會心軟

如果你想要得到正向的情緒回饋，你需要用溫柔的關懷推動對方做出你希望的改變，而憤怒往往是一種無效的情緒工具，且還具有破壞力。因為一旦你用憤怒貫穿你的表達，對方在被憤怒攻擊時，就更沒有認知空間去識別你的憤怒背後還有脆弱等惹人憐愛的情緒。**能讓溝通和表達的效用最大化的是情緒**，如果你能喚起對方「正確的、恰當的」情緒，基本上就能達成目的，這就是我們說的「共情」。

「共情」這個專業詞彙講了太多次了，我有時也覺得這個詞過於學術，顯得很難操作。共情的目的其實就是讓對方心軟，溫柔的表達才更有力量，才能使對方的行動更體貼。在我前文說的鄰居故事中，憤怒的當事人最終想聽到的話、想得到的結果，可以簡單概括為讓對方心軟、留在北京工作、不離開他。就算對方不得不暫時離開，也想讓她知道自己的心情，付出更多去體貼和補償他。大吼大叫會讓對方心軟、愧疚嗎？把「妳一走了之，在乎過我嗎？」替換成「我不想讓妳走，我在乎妳」；把「妳不應該不考慮我」替換成「我希望妳能多陪陪我」；把「妳別去外地工作」替換成「如果妳去外地，我多去看妳，妳多打電話給我，好嗎？」即便你沒嘗試過第二種表達方式，光是代入情境也能體會到，第一種表達只會讓對方的心變得更硬，對他的態度更加反感，而第二種表達方式才會觸動心底的柔軟，讓對方覺得「他在乎我，我應該對他更好一點」。

不要做老虎，要做被雨淋濕的狗

小時候，我覺得那些發脾氣的大人好厲害，無論是老師還是家長，可能一個瞪眼、一句狠話，我就在他們面前噤聲，乖順聽話了。長大後，我們很容易效仿這種「很厲害」的做法，以為表達憤怒就是展示力量，可是我們面對的那個人不是小孩子，對方也會發脾氣，你用憤怒並不能震懾住對方。

而回想小時候，我們又有多少時候是因為大人發脾氣才乖順了呢？無非是更小心謹慎地調皮，用更不容易被發現的方式不守規矩，同時還「恨」著那些只會發脾氣的大人。**憤怒不是力量，也不是權力的象徵，爆發式的情緒發洩對解決問題毫無用處**，但滲透性的脆弱、難過、傷心都是有效的軟化劑，它們才是真正的力量。

《四重奏》裡有一句經典台詞：「誘惑一個人有三種方式——變成貓、變成虎、變成被雨淋濕的狗。」在我的理解裡，貓若即若離，欲擒故縱，適用於相識早期；老虎霸道勇敢，是權力的象徵，適用於磨合階段建立原則和邊界；而被雨淋濕的狗看似最可憐、力量最弱，實則最讓人欲罷不能，適用於推進關係階段，以穩固感情。

你當然可以變成憤怒咆哮的老虎，但如果次數多了，咬傷別人也咬傷自己，那可就是真的「虎」了。

9 情緒失控

情緒像一顆不定時炸彈，總會先傷害自己

港劇有句經典的台詞：「做人吶，最重要的就是開心了。」為什麼開心最重要？因為好心情是很值錢的，它雖然不能折現，但心情不好是很費錢的。

容易失控的成年人

跨年那天朋友告訴我，她因心情低落一時衝動買了件幾千塊錢的大衣，現在後悔莫及。我立刻轉發給她一個影片，耶誕節的時候，有個女孩心情不好，砸了商場的保養品專櫃，最後警衛給的處理結果是賠償三萬七千元。你看，開心一點，情緒穩定，就相當於賺了一筆錢，而情緒失控不但讓你賠了錢，還損失了顏面。

影片裡的女孩，穿著體面，乾淨整潔，但是她拿起專櫃的試用口紅亂塗，怒摔專櫃的

iPad，不理睬上前勸解的工作人員。本來以為鬧劇會就此收場，沒想到局面越演越烈，她哭喊著打翻了專櫃上的瓶瓶罐罐，被工作人員制服後竟然想要割腕。

旁觀者把她當個笑話，那與她親近的人看到這一幕，又會如何看待她？賠錢事小，丟了自己的體面和尊嚴事大。而且如果她真的割腕，丟掉性命可是永遠不能挽回的。

影片上傳到網路後，有人可憐她，覺得她一定受了天大的委屈，要不就是櫃姐怠慢，要不就是生活受挫，才發洩情緒，可以理解；也有人覺得無所謂，自己能承擔責任就好。我很不喜歡這種不設底線的包容心態，多不堪都能忍，多無理都會包容，這背後透露的是模糊的界限，是無原則的退讓，這是對真正善良的人最大的不公平。

情緒失控的後果是不可控的。面對情緒失控的人，我們的態度不該是可憐，而是拉起警報，提醒自己保持情緒穩定，減少衝動，離情緒易失控的人遠一點。但保持情緒穩定也不是說到就能做到，我自己也有體會。我絕對算不上一個脾氣太差的人，開車的時候也會偶爾「路怒症」發作，彷彿惡魔附身，情緒衝動時能把自己嚇一跳。為什麼我們有時會變得容易失控？往往是因為我們太想控制一切，在內心深處有一種不合理的信念——我是可以控制一切的。開車時方向盤在自己的手裡，就更強化了「我說了算，其他人都該被我操控」的想法。

情緒失控是因為你太「自戀」

武志紅老師認為「以為自己可以控制一切」的想法在心理學上被稱作「自戀型人格障礙」，認為世界就該以自己的意志和需求為中心，在他們眼裡，外物和他人都應該被自己控制，服從自己的意志。自戀型人格的人無法接受自己的需求不被滿足，行為不被回應。

影片中女孩砸專櫃的事件有個小細節，一開始她還表現得比較冷靜，沒有情緒失控、砸東西。後來周圍的人都躲得很遠要報警，我覺得這才是她最後徹底失控的原因。因為即便她開始砸東西，也沒有人立刻制止和勸阻她，而是選擇了迴避，這讓她感覺自己的怒氣沒有作用，她沒有成功操控別人，所以她更歇斯底里，砸得更凶，似乎在證明「我是可以控制所有人的」。

聽起來很病態、很不可理喻是嗎？但想想自己的現實生活，一定也有過這樣的時刻，外送員遲到時你憤怒，飛機延誤時你煩躁，朋友跟你的意見不一致時你不爽，這些憤怒、煩躁和不爽中有一部分是合理的，但如果過度，產生了不理智的衝動行為，就是自戀型人格障礙的體現。

因為在你的思考方式裡，送餐和飛機起飛必須要按照你期望的時間進行，而朋友也應該按照你理解的方式去思考問題，當不符合你期望的事情發生時，真正引起你激烈情緒的並不是他人和事情本身，而是深植於心的這份自戀和想控制一切的不合理信念。

可是，越控制越失控，當你以為自己可以掌控全部的時候，就是對世界繳械投降了，因為總會有意外讓你失望。**做事不留餘地和沒有彈性的人，其實是把自控的權利交給了外界**。你的情緒完全取決於他人，送餐晚了、飛機延誤、朋友意見不合都能讓你感到深深的挫敗，你全部的能量都用在了自戀上。

允許事情更壞一點，降低自我期望

解決自戀要從深刻地認識到自己的有限性、他人的多樣性、世界的無常性開始，這並非一朝一夕能做到的，但至少你要把這件事記在心裡——我們能決定的事情有限，但至少我們可以控制自己。

關於控制自己，其實也有方法，那就是「允許事情更壞一點」。知道自己有「路怒症」傾向之後，我反思過自己，我過於期望一路暢通了，不接受任何車輛插隊。後來我重新為自己設定了期望標準：從一路暢通到半路塞車，從沒有車輛插隊到允許十輛車插隊，然後我發現各種狀況都容納在可預期的範圍之內，一路上心情都還不錯，如果沒有遇到塞車和車輛插隊會更開心，而以前我把一路坦途當作理所應當的事。

降低自己的期望值，就要把不合理目標變成允許事情更壞一點的合理目標，這樣你更容易感到快樂，也更容易接受生活本就無常的規律。**允許事情更壞一點，並不是一種鬆懈和妥協，而是賦予自我一種彈性，畢竟即便你把目標定得完美，也無法減少壞事的發生。**

10 容貌焦慮

鏡子裡的你，永遠不完美

在健身房裡，有個女孩跟我搭訕：「妳健身後瘦了多少？」這個問題真讓我汗顏，我在健身這件事上三天打魚，兩天曬網的，十個月的時間裡我反倒胖了幾公斤。

我如實相告，她卻說：「我要是妳就不來健身了，已經這麼瘦了，真讓人羨慕。不像我，太胖了，不得不健身。」類似的話我聽過不少，有的人明明很瘦，還嫌自己胖。但是女孩拉著我真誠地傾訴了半天，她就是覺得自己胖，想變得更瘦，不達目標誓不甘休。

她身邊有個姐妹比她還瘦，只有四十五公斤，卻也一樣嫌棄自己胖，除了上班，每天最關注的事就是減肥，哪怕只胖了一點，心情也會沉到谷底，什麼事都不想做。我看著她身高大概一六五公分，體重絕對不到五十公斤，很真誠地告訴她，她一點也不胖，而且健康就好，沒必要變得骨瘦如柴。我知道說這話可能沒什麼用，她是很多人的縮影：對自己的身材、容貌充滿著莫須有的焦慮。

什麼是容貌焦慮？

我們的確反感天天嚷嚷著減肥的瘦子，也會對嫌自己醜的美女嗤之以鼻。在我們看來，她們明明沒必要如此挑剔和看低自己，但實際上的確有這樣一群人，過度在意自己的外表，總是認為自己不夠美不夠瘦，這成了她們最困擾的事。她們可以被歸類為「容貌焦慮」，對外表有超出常人的敏感，更奇妙的是，她們往往並不是真胖，也不是真醜，她們只是自認為胖和醜。

這樣籠統的描述可能讓很多人都有中槍的感覺，實際上，容貌焦慮跟一般焦慮的最大區別在於「過度」二字。他們會因為別人隨口說自己胖了一點而拚命節食，會反覆量體重確認自己是否發胖，會因為不喜歡自己的單眼皮而頻繁地去關注別人的雙眼皮。

這些行為是在主動改善自認為不夠完美的地方，還有些行為是為了逃避面對這些不完美：有的人甚至不敢照鏡子，有的人會無所不用其極地掩飾自認為的缺點，還有人會因為嫌棄自己的外表而不願外出社交。

容貌焦慮背後的心理動機

真正從中作梗的其實不是外表本身，而是他們極度低下的自我認知和由此產生的負面情緒。容貌焦慮者會為此感到羞恥，認為自己沒有完美的外表是種錯誤，他們會陷入抑鬱情緒，這種情緒會彌散到生活的各個方面，最後，他們可能會厭惡自己，拒絕面對現實。

大多數人都存在容貌焦慮，但這種焦慮不會持續太久，大多是人的應激（壓力）反應，可能一小段時間之後就自行消散了，人也會將注意力轉移到其他事情上。但是對於真正有容貌焦慮的人來說，這種困擾揮之不去，即便他們達到了階段性的改善目標，也不會滿足，很有可能用一個更嚴苛的標準來衡量自己，進而進入新一輪的心情低落。

不得不說，時下流行的理念給了我們很多負面的影響，那些看似積極的口號，背後都藏著一種偏低的自我評價和更高的要求。人們時刻強調外表的重要性，還會有人告訴你，面試時、戀愛時、社交時、談生意時，外表決定了一切，這種讓人窒息的說法會給我們帶來無形的壓力。外表的確重要，但它並不足以概括一個人的全部。

後來，這種對外表的要求甚至跟個人品質劃上等號，有人說，一個連自己體重都控制不了的人還談什麼自律呢？還有人說，一個外表好看的人也一定會在其他方面嚴格要求自己，這是上進的表現。我不否認這些話其中的正確性，但把這些話當成全部的道理，它就成了謬論，誤導了很多人。努力變得更漂亮是好事，但把這個目標看得太重反而成了一種桎梏，它在告訴你「不瘦、不美的人一無是處」。捫心自問，誰沒受到過這種想法的影響呢？想要緩解自己的焦慮，就要理性地去對待這些理念和口號，要比照自身情況而不是追求絕對的教條。我覺得相比那些過度追求美和瘦的人，理性善待自己的人更可貴。

你的焦慮只來源於外在嗎？你不滿意的只是你的外表嗎？很多有容貌焦慮的人真正焦慮的並不是外表，外表不過是個「代罪羔羊」，他們把外表不夠完美當作藉口來迴避真正的問題。我常聽人說，因為自己太胖，所以沒有人喜歡；因為自己不夠漂亮，才沒能應徵成功。我還知道有人明明身上有太多需要改進的地方，卻偏偏把時間和精力孤注一擲地放在整形和減肥上。在這種轉移視線的背後，是軟弱和短視，他們躲在痛苦裡，逃避的是更多複雜的真相。所以，他們才會不斷苛刻地要求自己，達不到那個完美的目標才會一直只盯著外表這件事，而順理成章地忽略內在的千瘡百孔。這是拒絕成長的表現，方法就是用一種焦慮替代其他焦慮。

他們的想法也非常單線條，把所有問題都歸結到外表，讓外表去承擔自己失敗的全部責任，自己反而會顯得更加輕鬆，畢竟外在是父母給的，這種對外表的無奈似乎能博得更多同情，可以減輕自己的負罪感。

接納身體，亦是接納人生

如果改善外表這件事不能給你帶來正面體驗，反而讓你感到壓力和負能量，那麼不如重新分配時間，去關注你生活當中到底出現了哪些問題，才會讓你把一切都歸咎於外表。

客觀地自我審視遠比無腦地看低自己更有助於解決問題，當你在其他方面有所進步時，這種喜悅和自信還會遷移到對外表的認知，即便你什麼都不做，也會覺得自己比從前更漂亮。

還有一點更為重要，學會正確看待和使用你的身體。儘管我們都上過健康教育課程，早就對自己和異性的身體有所了解，但是很少有人真正明白身體的奧義。身體的美需要欣賞，它沒有固定的標準，我們要先學會自我欣賞，再饋贈他人。你本身就很美好，不去認真感受才是錯誤的。

身體還擁有觸覺和痛覺，它承載著我們的悲歡離合，它能讓你遠行、感知這個世界。不要為了達到別人口中美的標準而讓渡身體的其他權利，健康舒適才是身體本該有的樣子。從你開始過分焦慮的那一刻起，你已經是捨本逐末，沒有做到自我欣賞，自我接納。**雖然有人說，連自己的身材都掌握不了還怎麼掌握人生？但我想真正的答案是，連自己的外表都不能接納，還怎麼去接納人生呢？**

11 假性焦慮

你已經被「焦慮」害慘了

每到年底，總忍不住頻頻回顧，今年過得怎麼樣？年初的夢想實現了嗎？回顧的結果就是焦慮感更加重了。每個人都有自己的憂愁，似乎無法掙脫，但焦慮真的就那麼可怕嗎？還是我們習慣性地把焦慮當作敵人，過於警惕而限制了改變的能力？分享我的解決焦慮之道，希望能對每個處於焦慮中的朋友有所幫助。

辨別：焦慮的源頭

首先，要澄清一個事實，有些焦慮其實並不是由內而外地產生的，而是來自外界的壓力。有些人在你苦苦奮鬥的時候就已經實現了財務自由。再比如，我們經常看到一些帶有精神綁架意味的句子——「擁有一部好車，才是成功男人的標誌」，言外之意，買不起好車，你就配不上「成功」二字；或者有人告訴你要做一個情商高、會溝通的妻子，再要求你「學會這一百招，你就是個一百分媽媽」。

這讓我們陷入一種彌散性的焦慮，我們似乎離別人眼中的成功男性、好妻子、優秀媽媽還有十萬八千里的距離，而且無論怎麼追都無法趕超世俗標準變化的速度。外界的定義和鼓吹成了一種壓迫和催化，它們的存在是為了服務於資本逐利、男權社會的秩序，甚至包括我們身邊自私的人所謂的福祉。

我們自己想成為什麼樣的人，想過什麼樣的生活，難道不該由我們決定嗎？所以，你的大部分焦慮其實並不屬於你，我們要把它還回去。怎麼把焦慮還回去？我們可以從認知和行為這兩個層面入手。

探索：焦慮背後的真實需求

你需要在認知上分析和判斷，你的焦慮是否為假性焦慮。在開頭澄清焦慮的來源時，就能發現我們感受到的焦慮很多都是「假性焦慮」。什麼是假性焦慮？焦慮這件事由壓力引起，又與需求相連，其中有些焦慮並不反映我們的真實需求。比如，很多女性承受著催婚的壓力，為此焦慮煩躁，但找一個伴侶的需求是妳發自內心想要的嗎？還是父母、朋友和社會強加給妳的？也許妳現在最關心的事情明明是如何在工作上邁入一個新階段，這才是妳當下的真實需求。

只有識別真實需求，才能減少假性焦慮，所以我們要做的第一件事就是重新為無序的焦慮排序，識別重點和優先順序，明確你真正的需求是什麼，現在的你要成為什麼樣的人？你要做哪些事？去覺知和分析焦慮的時候，希望大家問自己一個問題，這個問題很重要：你的焦慮有多少來源於他人的要求和標準？一味迎合別人的需求，並不會消除和降低焦慮，它反而會衍生新的焦慮。

當你為了滿足父母的需求結婚生子，看似緩和了焦慮，卻帶來了新的內心衝突，即「取悅別人，委屈自己」。將認知「正常化」：其實有很多人都問過怎樣對抗焦慮，乍看覺得沒毛病，但仔細琢磨，「對抗」這個詞很有趣，它反映了大家對待焦慮的基本態度——對抗。當我們談論對抗的時候，我們是怎麼看待焦慮的呢？我們把它當成一種病症、一個敵人。

焦慮有這麼可怕嗎？它是大多數人都會面臨的一種暫時的負面情緒狀態而已。可惜，大多數人都把焦慮當成洪水猛獸，抱持兩種常見的不合理認知，一種是它不應該存在，目標是要消除它；另一種是焦慮只會帶來負面的影響。

跟焦慮本身相比，這兩種對焦慮的不合理認知——誇大化和嚴重化焦慮才更可怕。我們可以把「對抗焦慮」換成另一個詞——「正常化焦慮」，簡單地說就是不要把焦慮妖魔化。對焦慮要持更寬容的態度，允許自己適度焦慮，就像允許自己偶爾感冒發燒、跌倒後會有瘀青一樣。如果你不斷地強化對抗，就相當於把自己全部的精力都用來對抗焦慮，還沒等焦慮對你做什麼，你就已經對自己造成了內耗。同時，要看到焦慮也有積極的一面，發現它的價值。雖然焦慮讓你暫時感到不快，但也正是焦慮讓你更能看清楚自己的目標和需求、長處和不足。

這些暫時的焦慮情緒是一種信號，本質上都是在傳達一件事：你需要改變，需要調整，而改變和調整正是讓我們變得更好的契機。**我認為面對焦慮最好的狀態是與焦慮為伴，認識到它可以為你所用，把它變成一種動力，去激發自己的潛力。**

行為：用行動為自己打出王牌

你也需要在行動層面做出改變。一般來說，焦慮來源於現實和目標的差距，而你又對這種差距感到不確定和擔心。所以，如果僅僅在認知層面思考是減少不了這種差距的，你對焦慮束手無策是因為不知道怎麼行動，進而沒有行動。

「將軍知道」專欄經常會收到讀者提問，前段時間我收到了一個問題。一個女孩剛剛升職，明明是件好事，但她很焦慮，作為新上任的總經理助理，她覺得自己能力一般，不夠專業，覺得自己做什麼都不行，上司對她也不滿意，不知道怎麼解決。

這段描述中有很多評價性的語言，判定了自己的能力、專業度不夠，她發愁，她焦慮，她想縮小現實和理想的差距，但是這種概括性的總結是毫無幫助的。

只有把問題具體化，把目標量化，把方法視覺化，焦慮才能緩解。以這個女孩的提問為例，想解決焦慮，第一步要做的就是拆解目標，確定量化標準，假如妳想提升能力，就要考慮有哪些能力需要提升，在一小時內處理完一個工作表格內的資料，這是一個量化目標，但「讓上司滿意」並不是一個具體的目標；第二步是設定實現每個小目標的方法，處理資料用什麼樣的方法？妳怎樣才能學到這種方法？沒有方法就永遠無法開展行動；第三步是制定具體的行動計畫，從一天到一週、一月、半年甚至一年，在這個時間段內妳有什麼具體要做的事情，按照確定的目標和方法確定更詳細的步驟；第四步是開始行動並在目標完成後回饋計畫完成得如何。當然，妳也可以建立適當的獎勵和懲罰機制，讓降低焦慮的行動更有動力。

前幾天，我看到朋友發了一條朋友圈，她說，決定減肥之前，她開心地吃，決定減肥後，她憂心忡忡地吃。她喊著減肥的口號，卻在行動上沒有任何改變，結果必然是越來越焦慮。

焦慮最大的對手是行動，不行動就永遠無法緩解焦慮。其實，在這個時代，每個人都體驗過焦慮。如果你被焦慮深深困擾，那可能從開始你的心態就是錯的。焦慮不一定是敵人，也可以是夥伴和武器。有人因焦慮而煩躁，無法專注做事，並陷入惡性循環；有人因焦慮而更有動力提升自己，持續行動，變得越來越好。拿到的都是同一副牌，看你怎麼打了。

我也想給大家提前打預防針，並不是我們減輕了當下的焦慮，就能避免未來的焦慮。焦慮不會完全消失，我們可能會一次次遇見它，但在處理焦慮的過程中，你也一次比一次變得更強大。學會與焦慮共處，焦慮才能滋養成長。希望我們能把焦慮變成一張王牌。

第三章

關係痴纏

12 愛錯成癮

總是愛錯人，也許你是故意的

我身邊總有一些女孩，她們聰慧、美好、識大體，但僅限於單身的時候。一旦談了戀愛，就變成了一個截然不同的人，不管不顧、歇斯底里、笨得一塌糊塗。為愛痴狂也算是種美德，但依我拙見，這僅限於愛對了人。

所謂愛對人，不是一定要找到那個最好的，而是一定要找到那個最適合自己的；所謂愛錯人，並非那個人頑劣不堪，只是他的好不是你想要的。我們最常聽到的分手原因就是「我們不合適」，而當你問起來究竟是哪裡不合適，又不見得能夠說得明白。如果能在開始一段戀愛之前就弄清楚這個問題，或許你們本不會在戀愛後經受不必要的折磨，在生活細節中滋生矛盾，直到最後或憤恨或遺憾地說上一句：「是我們不合適。」

如果你最看重的是自我價值的實現，夢想是事業成功，渴望舉案齊眉的伴侶，那麼追求小富即安、悠閒安逸的戀人就不適合你，你應該找一個發憤圖強、有理想並願意為之奮鬥的人；如果你看重安穩和踏實，渴望有人跟你一起經營平淡而溫馨的婚姻生活，那麼喜歡刺激和冒險的戀人就不適合你，你應該找一個跟你一樣願意在平淡中享受人生的伴侶；如果你最看重的是精神上的溝通和交流，那麼醉心於物質享樂、並不在意精神生活的人就不適合你，你應該找一個能跟你一起秉燭夜談且能相互理解的人。

「清晰的自我認知」是選對人的前提

你適合什麼樣的伴侶取決於你的價值觀和戀愛觀，而價值觀和戀愛觀又源於你對自己的認知，**一個根本不了解自己的人，無法真正明白自己想要什麼樣的愛情**，也無法找到那個適合自己的人。

我們在一生中要完成很多人生任務，就像超級瑪利一樣，吃可以變強大的蘑菇、順利擊退敵人、跨越溝壑和河流才能順利通過一個個關卡，我們也要完成建立信任、探索世界、獲取知識等人生任務，完成它們會使我們形成更加成熟、穩定、社會化的自我，如果卡在了某個任務上，我們就很難進入人生的下一階段。

提升自我認知便是人生任務中最重要的一個，它貫穿我們的一生，是一件永無止境的事。但成熟的個體應該在特定的人生階段達到相對穩定的自我認知，即逐漸意識到自己是一個什麼樣的人、自己要做什麼、自己的價值觀是什麼、自己在這個社會上的角色和定位等等。只有解決好這些問題，你才算完成自我認知這個人生任務，否則將會面臨角色混亂、自我認知混亂的心理危機。

因為自我認知是我們洞悉世界的眼睛，如果自我認知是蒙塵的、不清晰的、動盪的，那我們對這個世界的看法也會有失偏頗，甚至在自己的人生路上走偏。

建立親密關係是在建立正確的自我認知之後的下一個人生任務。很難想像一個對自己沒有清晰認知的人，能對他人和人際關係有清醒、理性的判斷。就像我在本文一開始提及的女孩，自始至終，她仍然覺得情路剛剛啟程。她對愛情的認知是有情飲水飽、唯愛至上，隨時可以遠走高飛，對方也必須才華橫溢、桀驁不馴才能入她的眼。

在有關愛情的電視劇裡，劇情總是被安排成女主和名聲不大的小眾畫家或落魄的搖滾青年遠居郊區平房，自己變身保姆不離不棄。男友的沉默寡言會被她解讀成愛得深沉，易怒、脾氣差被她解讀成鬱鬱不得志，就連偶爾對她的責罵、毆打也可以被原諒，認為那是藝術家的個性使然。

當再次要自掏腰包墊付房租的時候，她已捉襟見肘，終於扛不住壓力，準備一拍兩散。分手飯好不容易見了葷腥，心情卻不復原來，那種堅定早就被對方忽冷忽熱的態度和現實的壓力徹底磨滅了。她終於意識到了自己並不能為了愛情拋棄所有，對方也不是她唯一的愛情歸宿，就連他們的關係也不過是男人對她的依賴，那也許根本不能被稱為愛情。

如果她早意識到自己並非愛情小說的女主角，愛情也要經過柴米油鹽醬醋茶的考驗，她就不會去追逐一個不適合自己的人，白白把時間浪費在一段錯誤的戀情當中。在自我認知不夠清晰的這些歲月裡，她沒有弄清楚自己適合什麼樣的伴侶。

所以，如果想要一段美滿的戀情，先問問自己，你看重的是什麼？你的能力和胸懷能接得住什麼樣的感情？你希望別人用什麼樣的方式對待你？你渴望的戀愛應該是怎樣的狀態？不先弄清楚這些問題，你在愛情中使出再大的力氣也只會傷害自己。

愛情也需要量力而行

當然，還有一部分人明明已經能夠清楚地解答以上問題，但偏偏不去尋找適合自己的戀愛對象，他們飛蛾撲火般地投入不合適的戀愛，明知不可為而為之，明知沒結果卻還要一意孤行撞得頭破血流。這看似自相矛盾，不可理喻，但生活中的確有這樣的人存在。我在一次諮詢中找到了那些「明知道」和「偏偏不」之間的祕密。

阿明是我的個案，二十七、八歲的大男孩，他上進勤奮、性格溫和、開朗、幽默、大度。一個看起來無可挑剔的男孩，卻總是被女朋友挑剔，連續失戀三次。他苦惱不已，來諮詢室找我，想知道自己到底哪裡出了問題。

其實他很清楚自己適合跟自我能力相當的女孩在一起，但每次都被那些十分優秀的女孩吸引，所以每次戀愛中他都沒有安全感，擔心自己無法把女友留在身邊，反倒做得越多錯得越多。

他欣賞對方身上的過人之處，那或許是適合他的女孩所不具備的特質，就像明明知道自己不適合極限運動，卻偏偏要大膽試一試，最後造成自己的極度不適。這種矛盾就在於現實與期望之間的齟齬，人們往往會渴望那些力不能及的東西，因為那代表著夢想，令人心馳神往。如果把不切實際的幻想強加到真實的生活上，你才發現自己駕馭不了，也消受不起。說到底，你雖然想努力維持那個夢，但實際上，你還配不上。

放棄適合自己的戀愛去追逐不切實際的愛情幻想，就是愛錯人的又一個表現。你當然可以閉上眼做任何美夢，但睜開眼也別忘記為自己的真實人生努力。就像我們曾經都經歷過的那樣，在幻想裡我們無所不能，可那僅僅是一種嚮往而已，你不會因為這些當下不適合自己的橋段和劇情，而放棄譜寫自己的人生劇本。

夢中情人再美好亦是虛幻，眼前人雖然平凡卻是真實存在。與其對真實的人生充耳不聞，不如妥善安放好你的美好期望，聚焦當下，好好修煉自己，等到你變得更強大，能把「配不上」轉變成「配得上」，把「不合適」轉變成「正合適」，再去追求曾經的夢想也不遲。

不論沒有弄清楚自己適合什麼樣的人，還是明知不適合還要苦苦追尋，其實都是愛情中的常見錯誤，或許它不可避免，但絕對不值得一錯再錯。在追愛的路上，每個人都要甩掉偏見、修正錯誤，同時也調整自己，但你一定要明白，這麼做不是為了找到最好的人，**因為真正的愛情裡沒有完美的人，真正的「最好的人」不過是那個最適合你的人而已。**

13 被動即防禦

在愛情中被動，是保護自己的方式

演員張雨綺曾經在一個綜藝節目裡談起了對兩性關係的看法，她認為，在現實生活中，女生想要在兩性關係中獲得幸福，還是被動一些比較好，但這也不代表什麼都不做，女生可以示好，可以提升自己的魅力。

為什麼女生不能主動？張雨綺說：「就是應該男生追女生，父母小心翼翼地把妳養大，如花似玉，誰希望妳去特別主動地追一個男生。」這段話背後其實反映了一種根深蒂固的觀念，大多數人默認更「合理」的方式是男追女，而女生主動則不太符合社會對性別角色的期望。也有人從兩性差異的角度進行分析：男性更需要滿足自己的征服欲，男追女更有利於雙方關係的穩定，也就是張雨綺所說的：「被動的女生更容易在兩性關係中獲得幸福。」

另一個綜藝節目中的程麗莎恰好相反，她在跟郭曉冬的愛情故事中明顯是一個進攻型選手，從表白、戀愛到結婚，都是程麗莎主動，你能說她不幸福嗎？雖然應采兒多次逗程麗莎，說她愛得更多，但程麗莎大方承認，他們愛情的基調都是確認和滿足感，這就是她想要的幸福的模樣。

不敢主動，是害怕喪失權力

在兩性關係中，女方到底應該主動還是被動？其實根本沒有標準答案，有人被動能得到愛情，有人主動也能爭取到幸福，即便樣本量足夠大，我想結果對比起來也會難分伯仲，**因為主動與否從來不是兩性關係唯一的決定性因素**。

但為什麼還有很多人堅持女生不能主動的觀點？很多時候是因為只看到了問題的表面，「女性主動就不會被男性珍惜，關係不容易長久」的說法，其實重點不在於「主動」二字，它講的是雙方在關係中的權力問題。

人們都會習以為常地認為主動的一方沒有「議價權」，也是在把自己置於弱勢的一方，並且沒有轉圜的餘地，角色更偏向滿足對方需求的那一個；而被追求的一方會有更大的權力提出需求並被滿足，是更強勢的角色。

這種說法符合社會心理學當中的「最小興趣原則」，在人際交往中，那個對另一方更有興趣、對關係依賴性更大的人，的確往往要服從另一方，這樣關係才能繼續。簡單地說，的確是誰先主動，誰就更弱，就沒有主導權。

誰的資源多，誰有主導權

但「最小興趣原則」只是影響關係的一個因素而已。實際上，除了情感因素，任何關係想要保持平衡，都要考察雙方所擁有的資源。無論男女，只要在擁有的資源上占有更大的優勢，那無論是否主動，都不會影響他在關係中的主導權。在兩性關係中，有很多地方可以衡量資源，比如外表、學歷、工作成就、人格魅力，這就是社會心理學中的「相對資源理論」。哪一方具有更多的資源，他就更有可能在關係中占據主導地位，是擁有資源更多的這一方決定關係能否建立和維繫。

你在愛情之外擁有多少，決定了你能擁有多少愛情。這句話其實很有道理，當你擁有了更多資源，你可以選擇不主動，因為你有更多「被動接受」的機會；而手裡掌握更少資源的人，主動更像變相為自己爭取資源的一種手段，因為主動時往往帶著誠意，這也算是可衡量的資源之一。

「是否主動」並不是影響關係的決定性因素。舉個例子，一個在各方面條件都很優秀的女性，即便主動，也不容易被男性忽視或不珍惜，主動反而促成關係迅速發展，如果男生的資源在女生心裡並不構成優勢，那他即便千方百計地獻殷勤，也未必能建立一段健康的戀愛關係。有那麼多主動追求女生的男生，也不是所有人都能得到圓滿的結果。

卸下防禦，跳出形式的束縛

很多人之所以這麼在乎是否主動，本質上並不是看重這段關係，而是更看重「自我」，他們的行動目標不是「得到」，而是「不要失去」，在他們的認知體系當中，主動意味著先付出、放下自尊，這已經是一種「失去」了。不主動也許不只是一種關係策略，更多的是內心的防禦系統開始啟動，怕不僅沒得到愛情，還丟了面子。他們的內心鬥爭無關主動或被動，而是過剩的自尊和對情感的渴望在相互較量。採取被動姿態就能維繫自尊嗎？並不能。

我倒是建議只要喜歡，無論男女都可以主動一點，這跟很多人提倡的「女性不宜主動」並不衝突，現在大家對兩性關係的態度早就不再限於傳統認知，男女都有主動爭取的權利，而所謂「主動」的含義也在發生變化。

像張雨綺在節目裡所說的被動，也並不是只能被動，只是不建議女生直接告白。她還建議女生要提升自己的魅力，這實際上是另一種形式的主動。畢竟幸福要靠自己去爭取，主動多一點，錯過就能少一點。

14 寄居蟹人格

一言不合就封鎖，你可能是「寄居蟹人格」

我有個關係要好的男性朋友沉寂三年後終於談了一場戀愛，五二〇後，我問他怎麼過的，他說他在餐廳門口傻等女朋友，等到餐廳打烊，女朋友也沒來，他一個人灰頭土臉地回家了。這聽起來像是發生在沒有即時通訊工具的年代，既然說好了不見不散，你不來，我就一直等。

事實上，手機就在手裡，但女朋友把他的微信和電話都封鎖了，他就像被關進了小黑屋，聯繫不上女朋友，只能傻等被「解禁」。後來才知道，他被封鎖不是第一次了，他們交往一個多月，一言不合就封鎖的次數不少於十次，平均三至四天一次，這誰受得了啊！

我問朋友，是不是他說錯什麼話、做錯什麼事惹女朋友不開心了，他承認自己不太會討女朋友的歡心，但直接被封鎖他也很委屈。有一次是因為他臨時要加班，不能去接女朋友下班，她二話不說就封鎖；還有一次是他幫女朋友叫外送，忘記備註「不加辣椒」，等要解釋的時候，已經無法發訊息給對方了；五二〇那天他們討論晚餐地點，女朋友覺得他連自己喜歡吃什麼都不清楚，很失望，說了一句「我不想跟你吃飯」，就再次熟練地把他封鎖了。

我的朋友做錯了嗎？他確實不夠體貼，但也不至於被封鎖，有什麼事不能在對話框裡解決，非要封鎖拒收訊息呢？關於封鎖這件事，另外一個朋友也跟我吐槽過。因為她不願意去見父母介紹的相親對象，她媽封鎖了她一星期，打電話也不接，一星期後她媽想讓她見另一個相親對象，才又解除封鎖。

封鎖這個功能既然存在，一定是有原因的。對於騷擾自己、已經分手或者久不聯繫且沒必要再聯繫的人，封鎖是一種恰當的處理方式，但它漸漸被濫用。

人與人之間的溝通不可能總是順暢的，會有分歧、矛盾、不愉快，想要解決這些問題，還是應該回到溝通本身。封鎖有什麼用呢？它導致了交流的通道關閉，此時，對於主動封鎖的人來說，解決問題已經不重要了，是控制欲的驅動占了上風。

朋友問過女朋友，能不能以後別總封鎖他，哪怕跟他吵一架也行，不要什麼話都不說，至少給他一個解釋和道歉的機會，女朋友的回答太酷：「不封鎖，你意識不到問題的嚴重性。」我聽了這個解釋感覺很不舒服，封鎖變成了一種威脅和懲罰，它背後傳遞的是控制欲。

缺乏安全感的寄居蟹人格

善用反覆封鎖的人，具有「寄居蟹人格」的特點。寄居蟹是一種外殼堅硬、內裡軟弱的生物，用它來比喻這樣的人很具體。他們處理問題的方式很強硬、霸道，但內心又很虛弱，自尊感低，安全感缺失。只有透過控制別人保護自己，他們才能獲得安全感。

像朋友的女朋友一樣，她的初衷是想讓男朋友更在意她，她渴望得到愛。其實這是正向需求，但她滿足需求的方式很負面，透過展示自己的「權力」讓對方服從——只要我封鎖你，你就不能跟我對話，你就只能被動等待我的指令。

為什麼說這樣的人內心虛弱，沒有安全感？一個自尊程度高、有安全感的人，是不會過度擔心自己的需求不被滿足，也不會輕易把別人對待自己的方式跟自我價值感、自尊綁在一起。他們能區分「你做得不夠好」和「你不愛我」。他們也清楚在任何關係裡，都不會有人能滿足自己所有的需求，**人的終極滿足來源是自己**。

「寄居蟹人格」內心的虛弱和敏感，會讓他們把任何風吹草動都當成對方要背叛、否定自己的信號，所以用封鎖的方式展示自己的地位和權力，這能讓他們擁有更高的自尊感。同時封鎖也隱含著「對方犯錯、對方不好」的意味，把錯誤都推給別人，便不必自省。他們看起來高高在上，又很無情，其實他們也很痛苦，在封鎖別人的同時，他們也是在用最無效的方式表達情緒，阻滯了情緒的流動，帶來了「內傷」。

「寄居蟹人格」的形成

很多人無法合理地表達情緒。有的人生氣時會砸牆、踢垃圾桶、摔東西，還有人會打自己耳光，封鎖就是這些動作的變形，他們用動作來表達負面情緒，而不是語言。小孩子在語言體系未發展充分時，就是用哭鬧或肢體動作來宣洩自己的情緒，因為他們還沒有習得正確的表達方式。語言溝通才是成人的溝通方式，用相對平穩有效的方式去疏通情緒。

有的人雖然身體在長大，但內心始終是個未發育成熟的孩子。體驗到負面情緒的時候，他們依然用孩子的方式去處理，無所不用其極地引起他人的關注，讓他人看到自己的傷痛。但「寄居蟹」的外殼太過堅硬，強硬的方式只會反彈成另一種傷害。在人與人的交往中，會建立一種條件反射，你對別人溫柔，別人才會對你溫柔，而強硬只能換來強硬。

當一方試圖溝通時，另一方卻什麼都不說，這種沉默很容易讓試圖溝通的一方更加氣憤，覺得自己不被尊重，沉默的一方卻覺得這才是最好的應對方式，避免讓爭吵越演越烈。封鎖跟沉默有相同的心理動因，都是在用迴避的方式處理問題，都想要逃避現實。雖然逃避能避免讓爭吵加劇，卻忽視了爭吵才可能觸及矛盾的核心，才能讓你們真正地面對問題的本質。

在虛假的遮掩下，問題無法解決，關係也得不到緩和。你會發現，反覆封鎖也好，持續沉默也罷，類似的迴避方式用得越多，關係的續存期越短。

我自己也有過情緒險些崩潰、封鎖對方的經歷，你注意到「情緒」這個詞了嗎？不是對方做得有多差勁，而是我的情緒很差勁，是情緒在驅動我想逃避問題、控制對方。

我們要解決的不是對方的問題，而是自己的情緒。要不就是在溝通中疏解情緒，要不就是暫時冷靜反思，封鎖就像把自己和對方都逼到一條死巷裡，除了讓你們碰壁和原地打轉，它毫無用處。而封鎖的次數多了，也會被反噬——對方可能已經先早一步，在心裡封鎖了你。

15 被動攻擊

看似妥協，卻一定會還擊

很多人的擇偶標準都包括「脾氣好」。所謂的「脾氣好」就是不生氣、不發火，哪怕你火冒三丈，對方也能心平氣和。這聽起來是一種不錯的個性，但脾氣好的人真的沒有攻擊性嗎？不對你發脾氣就代表他不憤怒嗎？

我好友的老公就是典型的脾氣好，談戀愛時從來沒紅過臉，也是因為這個難得的優點，好友義無反顧地嫁給了他。婚後，她老公依舊是這樣，好友的抱怨卻越來越多：「我嫌他只顧打遊戲不做家事，他認錯倒是快，但就是不改。前天我都睡著了，他又起來打遊戲。我讓他洗碗，他也會做，但是他整理完的廚房，簡直比整理前還要亂……」

諸如此類的小錯誤在她老公的身上不斷出現，約定好的事情他要不就是忘記做，要不就拖拖拉拉，無論多簡單的小事，他好像總能輕而易舉地搞砸。跟他發脾氣也沒用，他永遠態度端正，一臉無辜，好像我那暴跳如雷的好友是個壞人，總是不依不饒地表達著憤怒。這些讓好友跳腳的小事，積累多了就成了大問題。她老公也會生氣，卻不表達出來，任憑憤怒在內心持續疊加，不生氣不發火，也依然能傷害對方，這就是被動攻擊。

內隱的情緒更具殺傷力

被動攻擊型戀人不會跟你正面交鋒，不會在你發火時用語言回敬你、刺傷你，但這不代表他們真的沒有脾氣，他們只是用迂迴的方式表達憤怒。

好友的老公口頭上答應了不打遊戲，看似「順從」和「妥協」，但趁她睡覺時偷偷玩，這實際上是在用行動無聲地抗議；還有那些總是被他「不小心」遺忘或忽略的約定，都是在被動地表達：我不願意這樣做。簡單地說，被動攻擊型戀人不會直接跟你發生衝突，但依然有自己的態度，一定要還擊，哪怕是用被動的方式，也依然可以激怒你。

哪有真正脾氣好的人，一個在婚姻裡處處受限、不停被要求的丈夫，有多大可能心甘情願地接受這些規矩呢？他接收了那麼多憤怒的情緒，有多大可能心平氣和地完成對方交代的事呢？為了不讓自己的內心失衡，他必須找到專屬於自己的發洩方式。

好友不能理解：「他有意見可以直接告訴我啊！哪怕跟我吵架都可以，為什麼要用這種方式來對待我呢？」被動攻擊型的人其實並不會把這種方式一以貫之，他們會挑選被動攻擊的對象——常常是控制欲強，或是在關係中更強勢的那一方。因為與這類人的互動模式讓他們感覺熟悉，無意間再次複製了以往的經驗，比如在早期經歷中有強勢的老師和長輩等。

被動攻擊型的人在關係中處於弱勢地位，因此他們接受憤怒和指責後無力反擊，但情緒一旦被喚起，就必須找到出口發洩。我小學時有個同學經常不按時完成作業，老師曾在放學後單獨留他在辦公室寫作業，結果老師更生氣了。因為這個同學寫得非常慢，一直寫到警衛來趕人都沒完成，但同學堅持表示「寫得慢不是我的錯」，老師雖然生氣又沒辦法批評他。

回想起來，小孩子就是在這個時候學會了被動攻擊——不能反抗規定，又不敢頂撞老師，於是就拖延時間，再次激怒老師。這樣的方式一次次奏效，被動型攻擊的人從中「獲益」，因為他實現了自己的目標——表達憤怒，攻擊對方，但又讓對方無能為力。

被動攻擊的多種表現

被動攻擊不只會出現在親密關係中，工作、交友時，你也會遇到類似的人。他們通常會在表面上答應你、滿足你，真的做事時卻總是會用一些小失誤來惹怒你。

說好跟你搭配工作的同事總是突然掉線、答應準時來聚會的朋友三番五次遲到，在聚會現場還悶悶不樂……遇到這種情況，你只能自己生氣，因為被動型攻擊的人的確沒犯什麼大錯，每一件都不至於讓人大動肝火，但禁不住頻繁發生，如果你因此發怒，反倒顯得斤斤計較。

我好友因為老公多次忘記幫車加油而發火，但她老公只是輕描淡寫地說：「我真不是故意的，而且這種小事，妳不至於生氣吧？」你看，和被動攻擊型的人相處，表面上相安無事，實際上卻讓人難以忍受。

生活裡會用這樣方式的人很多，我們自己也會在不知不覺間運用「被動攻擊」，有時候表面答應，背後卻拖拉、遺忘、找藉口敷衍，甚至最後乾脆甩手。被動攻擊算不上一種錯誤，這背後也有其苦衷。因為表達憤怒的權利被剝奪，被動攻擊型的人只能壓抑和隱藏憤怒，漸漸地變成了不會表達憤怒和情緒的人，但又不能讓自己內心失衡，只能用其他方式去發洩。這是一種自我保護，但的確不是一個良性的、積極的解決方式。

終止與應對被動攻擊

如果你是被動型攻擊者，首先要覺察它的存在，學會用積極的方式去表達情緒。**成年人**

的被動攻擊大多是童年時期經驗的複製，是一種情感投射。現在的你不會始終在關係中處於弱勢，你不再是沒有獨立思想、需要依賴父母的孩子，所以你有表達情緒的權利，並且有能力去回應對方的憤怒。

這種回應不是類似惡語傷人的反擊，而是用平和的態度講出你的感受、想法和態度。被動攻擊其實是一種「自我攻擊」的變體，憤怒的情緒在發洩之前就已經傷害了被動攻擊者本身，然後才會轉化成指向外部的攻擊。所以，你不正面表達憤怒，就是在傷害自己。

如果你遇到了被動攻擊型的人，而對方可能是你的父母、朋友、伴侶，有幾種應對方法可以參考：

❶ 自我確認

進行被動攻擊需要觸發它的情境和對象。有可能你在相處過程中給對方施加了太多壓力：比如過多的控制、指責、挑剔等，要自我確認在這段關係中，你是否提過一些不合理的要求、是否態度過激、是否多次攻擊對方等。

❷ 主動打破惡性循環

憤怒↓被動攻擊↓憤怒，是人際關係中可能出現的相處模式，這種相處模式只會導致兩個人的憤怒情緒在彼此身上流動，卻始終無法消解。所以，要給對方正面發洩情緒的機會，鼓勵對方直接表達感受和想法，這樣才能打破這種循環，讓彼此從憤怒中解脫。

❸ 建立邊界並設置後果

被動攻擊帶來的傷害不容小覷，所以要明確地告訴被動攻擊者你的底線是什麼。也要明確指出，即便是看似無足輕重的小事，被動攻擊也會造成嚴重的後果，使你們之間無法產生信任甚至破壞彼此的關係，這是對被動攻擊的一種約束。

美國心理學家湯瑪斯·摩爾（Thomas Moore）說：「最好只和會表達憤怒的人做朋友。」雖然表達憤怒會造成一時的氣氛緊張，但實際上它是在正面化解不良情緒和衝突，而那些看似好脾氣卻不會表達憤怒的人，往往不是你想的那般友善，他們很可能會用被動的方式回擊你。

16 惡性關係循環

那些分不掉又好不了的戀愛

感謝那些每天掙扎在戀愛中痛並快樂著的網友們，提供了我源源不絕的寫作素材。就比如接下來提到的這位。

A：我覺得我和他又要分手了。

B：妳少來了，一年聽妳講分手幾百次。

A：這次不一樣，這次是真的。

B：妳每次都這麼說。

A：哎，我自己也很無語。

B：怎麼了？我想聽聽原因。

我想說的是，反覆分手又復合，絕對不只她一人，彷彿冥冥之中的宿命，就是無法談一場不分手的戀愛。

我想會有一些人有過這樣的戀人，動不動就提分手，很快又來求復合，或只說「我想見你」，很快和好，不出三天，又開始上演鬧分手的戲碼，彷彿他們談戀愛必須按照「分手－復合－分手」這樣的模式不斷重複。我覺得，還是要先從根本上分析對方反覆提分手的原因是什麼，才能解決問題。

原因❶ 證明存在感／被愛，獲取安全感

之所以第一個寫這個類型的分手愛好者，是因為其他情況喜歡重複「分手－復合」模式的人，多少都有這類型人的影子。在戀愛中博得關注和愛的合理方式，是努力把自己變得更有吸引力、為對方適當付出、積極維護親密關係，這是讓彼此更相愛、關係更穩定的有效途徑。

這個類型的人需要愛和關注，卻採用了消極的方式。他們的內心獨白常常是這樣：「你對我不好，我只能分手，如果你真的愛我，就會來挽回我，否則就不是真的愛我。」這種表現大多跟童年經歷有關。在他們跟這個世界最初建立聯結時，可能遭受了很多關係中的對抗或疏

離，他們的家庭總是籠罩在緊張的氛圍中，在這樣的境況下，很難去除「氛圍效應」，積極地去面對問題。

他們從小就會透過調皮搗蛋、故意犯錯等方式，讓父母不得不時時關注他。雖然父母對待他們的方式可能是訓斥或體罰，但至少博取了關注，而打罵當中肯定也有愛的成分。我們都知道最可怕的態度是冷漠和忽視，一旦孩子聽話、不再惹禍，父母不用操心，也就不會再投入那麼多的時間和精力去關注他們，這往往也是他們長大後在戀愛中最怕發生的情況——沒有波瀾，難以感受洶湧的愛。

因缺乏安全感而反覆提分手的人雖然很痛苦，但在潛意識裡很享受這樣的關係，因為每一次提出分手，對方的挽留都是愛他的證明，這樣的做法可以快速、直接地驗證伴侶是否愛他。從表面看，分手是一種破壞關係的行為，在他們內心深處卻是對自己安全感的建設。一旦對方同意分手，他們又會覺得難以接受。其實，他們無法接受的是自己不被愛、不被重視，所以會求復合，這是獲取關注的第二種辦法。

這個類型的人其實希望在戀愛關係中能夠重建自我價值，但用錯了方法。如果你的伴侶或者你恰巧就是這樣的人，建議透過溝通來解決這種惡性循環。我們必須知道，反覆分手、復合再分手，雖然可能從某種程度上給予了一方安全感，但也傷害了另一方的自尊、消耗了兩個人的感情。

任何一段關係都不能長期失衡，一旦有一方總是需要犧牲或者耗費過多精力去解決問題，就只能帶來關係的疲軟，最終走向決裂。所以可以透過溝通，確認反覆分手又求復合的原因，如果是想要感受到安全感和愛意，才選擇這種方式，那麼可以嘗試採取更積極的方法，鼓勵對方做出對親密關係有益的改變，而另一方要及時給予鼓勵、肯定以及回應。

請記住，打擊和破壞永遠不會讓關係變得更加堅固，但正確的愛和付出可以。

原因❷ 表演型人格發作

這可能是言情小說閱讀過多的後遺症，他們一定要在戀愛中鬧到翻天覆地才肯罷休。前一秒還在演「山無陵天地合」，轉眼就變成「你走你的陽關道，我過我的獨木橋」，總之變化多端，喜怒無常。

這類型的人，除了有愛提分手的常見表現，還經常會在鬧分手的時候把氣氛烘托得如同電影。雖說是提分手，但總少了一些理性，過分刻畫離別的悲傷，又暗示你這是復合的必經過程，好像只要你願意配合她來一段挽留的電影對白，也就能重修舊好。

他們反覆提分手又反覆誘導你來哄，未必是真的想分手，只是對愛情的印象還停留在青春期時看的淒美愛情小說。他們不喜歡一眼能看到結局的愛情，必須在戀愛裡痛快，在分分合合裡尋找真愛。作為這類型人的伴侶，你要是不嫌累就配合對方表演幾次也是一種解決辦法。但要讓對方明白，戀愛不只有分分合合。兩個人並肩努力克服困難，終成眷屬，也很感人；互相鼓舞共同提升，攜手走向更廣闊的人生也很勵志；一起來個說走就走的旅行也很浪漫。

表演型人格如果能有的放矢，也會增加戀愛情趣，但是需要伴侶做出積極正確的引導。這樣的關係相對累人，因為只有他們的伴侶成了戀愛這場戲的導演，才能真正左右這部「戲」走向圓滿、歡樂的大結局。

原因❸ 衝動的情緒反覆

這樣的情況是最常見的。因矛盾、爭執或關係出現問題而產生激烈的情緒，在衝動之下提出分手，分開後又會不斷回憶起對方的好，意識到是自己的問題，又回過頭去爭取復合。可能因為這段關係確實存在著一定的問題，所以你們仍然會鬧彆扭不斷、爭吵不停，而衝動又會導致一方再次提出分手。

根本原因在於行動和認知過度受情緒左右，在把對方當作問題的始作俑者時，你會憤怒、失望、傷心，這樣容易產生破壞關係的行為；而冷靜下來時經過反思和洞察發現自己也有問題時，就會感到失落、自責，進而產生想要修復關係的行為。

這類問題的最佳解決方式是，不要輕易下定論、做選擇，如果受情緒牽連想要破壞關係時，冷靜處理，別在控制不了自己情緒的時候，試圖去解決關係問題。

原因❹ 把分手作為解決問題的方式，用來改變或控制你

還有一種愛提分手的人，會企圖透過破壞關係的方式來解決問題。比如，因為他跟別的女生深夜發曖昧訊息，妳感到不高興，希望對方能道歉並發誓痛改前非。對方卻不表態、不理睬，甚至出其不意地提分手，把妳晾在那裡，讓妳自己思考。如果妳同意分手，可能也就真分了，如果妳捨不得呢？分手的痛苦讓妳不斷回憶起他對妳的好，還有曾經甜蜜的時光，妳開始猶豫不決：「不就是個曖昧訊息嗎？也沒什麼大不了的。」

於是在他跟妳藕斷絲連的關係當中，他只要給些甜頭，妳就乖乖回去了。關係雖然復合了，你們在關係中的地位卻大不同，本來是平等的兩個人，現在他做什麼妳都要接受並且不敢

提要求。妳沒辦法再重提舊事，希望對方給妳保證，因為畢竟要復合的是妳，這就意味著妳接受了對方此前的種種行為，甚至是未來再次出現這種行為的可能。

這樣一來，問題看起來「解決了」，因為你們誰都不再提起。當妳再度發現他的曖昧行為時，也怪不得別人。當初妳堅持不分手，意味著妳默認可以接受，而妳的縱容只會變成對方「控制」妳的有利說辭——「不分手那妳就要包容我」。

也不排除對方提出分手又回頭求復合的可能，或是聲淚俱下，或是拿身家性命保證今後對妳好。妳稀裡糊塗地被苦肉計打動，以為對方懸崖勒馬了。但也可能讓對方知道妳吃這一套，下次再分手，大不了他故技重施，妳肯定也會心軟。

面對這樣的情況，我的建議是給一到兩次機會，也是給自己機會。若對方仍然利用妳的包容和善意繼續傷害妳，請立刻終止這樣的反反覆覆。他用這樣的模式操控著妳的情緒和人生，妳也不要再抱有幻想，希望自己無限次的包容和退讓可以換來對方的珍惜。

就像那個不斷喊「狼來了」的孩子，他一次次撒謊欺眾，不過是因為之前他的確成功過，而這成功讓他變得自大。現實中他肆無忌憚地以為你們的關係模式已經確定——只要他召喚，妳一定會回來。狼終有一天會回來，妳應該早點讓他知道這一點。反覆「分手—復合」的情侶我見過不少，最終都難以善終。

最開始的感受都是死去活來，痛不欲生，而一旦分手變成了習以為常的事情，就很難給人深刻反思自己、反思關係的機會。它只會讓人覺得辛苦、疲憊，直至麻木，最後變成「分就分吧，反正遲早要分手」。

如果對方已經有過反覆提分手的行為，而你也被這種反覆折磨得無所適從，那麼好好思考你們的關係，是不是只是反覆分手這麼簡單的問題。如果其他方面都合適，只有這一點不如意，那麼告訴對方，也告訴自己，再給彼此最後一個機會。如果接下來依然遭遇這樣的困境，請頭也不回地離開，把時間留給下一個合適的人。戀愛就像一張美麗的畫，每鬧一次分手，都會留下一條皺褶，雖然它還是那麼美，卻難以平整如初。

17 宿命型婚戀

有這種婚戀觀的人，可能永遠遇不到合適的人

如果你問一個人為什麼至今單身，十有八九會聽到這樣的回答——「我不想將就」。這個答案沒問題，不論是伴侶還是工作，誰也不想處在「將就」的狀態裡為難自己。

我也曾說過，我們這麼努力認真地成為更好的自己，不是為了找個人將就過一輩子。至今我也仍然在堅持「不將就」，但放下那種倔強對抗的情緒之後，我其實在思考一個更具體的問題，到底什麼才是「不將就」？

之前收到一位讀者的微博私訊，她跟我訴說自己坎坷的相親經歷。一年時間裡，她認識了近十位男性，但沒有一個讓她願意繼續接觸。女孩的媽媽認為她太挑剔，說「差不多就好了」。而她跟我說，她不想將就，這有錯嗎？當然沒錯，但我忽然好奇，這些男性為什麼都達不到她的標準？女孩說，有的人身高只比她高三公分，她覺得不匹配；有的人的工作需要經常出差，她擔心以後沒有太多相處時間；還有一個因為相親時遲到了，她覺得對方怠慢了她；

講到最後一個，她表示可惜。因為那個男生在各方面都符合她的期望，但是聊到興趣愛好時，男生表示自己比較宅，偶爾會打球，經常打電動，女孩當機立斷說不合適，因為她不想要不上進的另一半。怎麼說呢，僅僅因為這些表面原因就否決掉，的確很可惜。

在對方不符合自己的擇偶標準下，仍然和對方交往，就是在「將就」嗎？男生因為喜歡打電動而被定義為不求上進，跟女生要求男朋友買包就被定義為「拜金」，在本質上是一樣的，都是貼標籤、以偏概全。當我們因自己被定義為「拜金」而感到委屈時，是不是也在做同樣的價值判斷呢？上述女孩說的這些「缺點」的確會讓人在做決定時猶豫，但是反觀我們自己的擇偶觀就會發現：如果調整擇偶觀，所謂的「缺點」其實只是特點。

宿命型婚戀觀，注定不幸福

真正決定我們是否願意將就的，不是對方是什麼樣的人，而是自己如何看待愛情。如何看待愛情和我們對關係的隱性認知有關。經典的「關係內隱理論」將婚戀觀分為兩種類型：宿命型和成長型。

向我提問的女孩，她的婚戀觀就屬於宿命型，她對愛情有浪漫幻想，也以此制定出自己的

擇偶標準，認為一定會有一個人符合自己對於另一半的理想預期，只有找到這樣的人，她才願意與之相愛。那些達不到標準的人是不會讓她產生愛意、也不適合在一起的。至於成長型，是指對於另一半並沒有一個刻板的標準。這類人認為兩個人可以一起努力經營關係，一起成長，愛情是可以培養的。落實到具體的情境中，當一個宿命型的人面對相親對象時，極容易看到對方不符合自己標準的那些特質，會將他跟理想化的標準做對比，然後輕率地放棄；成長型的人會看到對方身上吸引自己的特點，更樂觀地看待不符合預期的部分，給自己和對方一個機會。

就像小時候，我們明明已經考了九十九分，父母還是會苛求我們：「為什麼就差一分？」而看不到我們的分數已經趨近於滿分。我們要試著看到對方的優點，對缺點則更加寬容。我們不應該完全以自己的主觀標準為主，因為我們的主觀標準可能會受到不切實際的期望影響。

如果沉浸在宿命型的婚戀觀裡，我們就會離愛情越來越遠，不但會錯過值得發展戀愛關係的對象，即便遇到了命中注定的那個人，感情也很難持續發展。被宿命型的愛情觀操控的人，其在戀愛關係裡會堅持自己的標準，一旦對方有些行為不符合預期，就會產生懷疑。上述女孩認定了自己的另一半不應該打電動，把一個無傷大雅的行為認為是「致命的錯誤」，從整體上否定這個人和這段關係。其實很多人都有宿命型的婚戀觀。他們解決問題的邏輯也是宿命型的——因為對方不夠好，所以要終止關係。

成長型愛情觀，帶來健康的愛

成長型愛情觀的人更擅長駕馭關係。他們不會輕易因為一個特點、一個動作否定一個人。在相處中，他們的心態更開放，自己以前不了解的對方特質，會被用來當作深入關係的切點，畢竟只有當你跟一個人的感情越來越好，才有機會全面了解對方。他們會思考，如果對方這樣做讓我感到不舒服，一定是他的問題嗎？這其中是否也有我過於主觀的判斷？我們能一起做些什麼去解決這個問題，一起讓關係變得更好？

愛的確不是一件容易的事情，不是努力就可以的，但這不代表我們什麼也做不了，至少我們可以反思自己的婚戀觀，調整自己對另一半的預期，讓它更符合實際。在必須真誠、善良等不能妥協的原則上，不要完全摒棄宿命型的婚戀觀，但是那些被浪漫幻想荼毒過的苛刻標準，不值得你為它「不將就」。**有時候，「不將就」才是你尋找愛情之路上的最大阻礙。**

Part 2

覺醒與重塑：初見陌生的真我

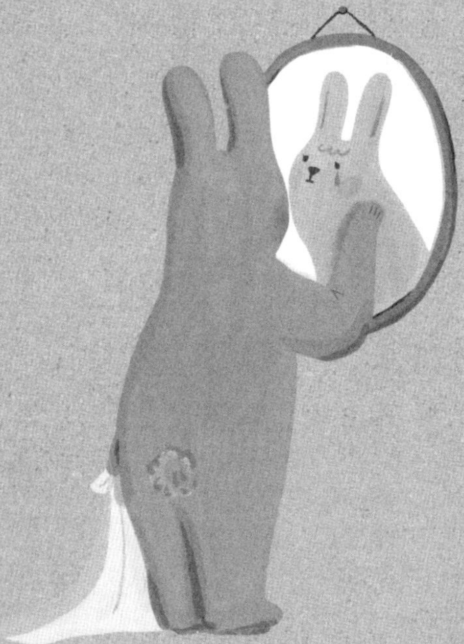

第四章 假我覺醒

18 心理「奶媽（爸）」——你從未停止哺乳「巨嬰」

最近一直在思考一個問題：是什麼讓有的人認為，我每天靜靜躺在他的好友名單或者通訊錄裡，就是在隨時等待他召喚，為他排憂解難的呢？

有時留言太多，因為精力有限，所以我會讓這些訊息石沉大海。有人追問我為什麼不回覆，是不是生病了？事實上，我並沒有生病。

有種病，叫「巨嬰症」

如果有人理所當然地認為他人必須做到有求必應時，尤其是當那些問題瑣碎無聊到，對方根本不想浪費時間回覆時，就應該先檢視自己是否分不清關係親疏。有些人覺得，對方既然有一技之長就應該幫自己排憂解難。

他們的內心獨白是：我認識你，你又是學心理學的，那你看看我是否得憂鬱症？

我認識你，你又是學資工的，那你看看我這個電子信箱為什麼無法登入？

我認識你，你又是學新聞的，那你幫我看看文案這樣寫行不行？

還有依據人生經驗來求助的。

我認識你，你去過紐西蘭，那你跟我說那裡有什麼好玩的？

我認識妳，妳交往過「射手男」，那妳說說「射手男」都有什麼特點？

看到這些，可能有的人會糾結，我們是不是應該善良、包容、重情分一些，不能這麼自私、狹隘、冷漠呢？

我們無非是拒絕回覆一部分訊息，不必幫自己扣上「自私」的帽子。如果我們把本來應該好好工作的時間用來回覆這些無關痛癢的問題，進而誤了進度，影響了同事的工作、下班時間和獎金，是不是就不自私了呢？如果我們把本來應該陪伴家人的時間用來幫助他人，幫他分析到底該在聚會上穿紅色還是黑色的衣服時，是否就是講情分了呢？

堅持著「因為我認識你，而且你有什麼樣的能力／經驗，所以你該回答／幫助我」的想法，這些人得了一種病，我稱它為「巨嬰症」。「巨嬰症」的症狀包括心理上無法斷乳、懦弱、無法對自己負責、缺失獨立性，併發症是習慣站在道德的制高點上譴責、剝削他人。

這種剝削是無孔不入的，「巨嬰症患者」不在乎是否與對方交好、是否也曾有惠於你。總之，遇事但凡能從對方身上獲取幫助或好處，他就會不惜代價、貪婪地吸附在對方身上索取，索取完便離開，不知回報，再次遇到問題或困難時，又會再回來提問。

「奶媽（爸）病」的人，無法袖手旁觀

有時候遇到前來求助的人，我也會不忍心，覺得他們也不容易，就抽出時間聊聊吧。溝通後，對方回覆我幾個「茅塞頓開」、「醍醐灌頂」的感想，哪怕只是敷衍地讚美一下我的為人——「妳真好」、「妳說的很有用」，我都會開心地覺得，幫助他人的感覺真好！即便這個人只是朋友的朋友的同學，那一刻我也會自我陶醉，其實我都忘記了，我們的關係並沒有熟到可以幫她分析和解決問題的程度。

要是遇到我不知該如何回答的問題，那就更要命了。曾經有一個只見過一次的微信好友問了我一個人生難題，我想了一個晚上，替她憂愁、焦慮、難過，快把她的問題當成我的人生困境，也差點就要把幫助她看成我的責任了。待我終於釐清思路回覆她好幾段文字後，她只輕描淡寫地說：「麻煩妳了，這個問題我不想再思考了。」當我好不容易分析完她的問題，她卻告訴我她不想再思考了。

我表現出的這種樂於助人可以稱為「奶媽（爸）病」，症狀是好為人母（父）、總想為別人負責、過度關注他人，併發症是一旦有人把你捧到一個高高在上的家長位置上，就特別想幫助別人，且沉浸在「哇，我好厲害，我好偉大」的情緒中難以自拔。

「巨嬰症」和「奶媽（爸）病」常常成對或成群出現，他們病入膏肓，彼此互相滋養。「巨嬰症患者」習慣所有事都向他人求助，「奶媽（爸）症患者」則更加願意捨己為人，救人於水火。於是，他們都漸漸忘了什麼是分寸，什麼是界限，這種關係模式一旦固化，他們就會忘記什麼才是自己的人生。

「巨嬰症患者」忘記要為自己負責，不能侵占、剝削他人的時間、空間；「奶媽（爸）病患者」忘記了能承擔好自己的生活，就已不容易。

幫助巨嬰斷奶，學會自給自足

不過現在意識到問題尚不算晚，但在克服病症的過程中，你可能會有同樣的遭遇——上個週末，我無視了一個「巨嬰症患者」的求助訊息，跟朋友享受下午茶並發了一則貼文，結果收到「患者」的評論：「我以為妳很忙，所以才沒回答我的問題。」是啊，我很忙，忙著享受我的下午茶，這樣一段短暫的休憩可以讓我整理心情、放鬆身體，然後繼續迎接繁重的工作，「巨嬰症患者」的人生跟我並沒有關係。

此時，你若不是眼明心亮、內心強大，根本沒辦法承擔這樣的道德壓力，別人的情感問題乍看之下，可能比自己喝下午茶更重要、更緊急。可是試問，你的人生如果一直被打斷，你是否能對自己的人生負責？他若不能放棄「凡事必求人」的問題解決方式，是否能成長為一個真正的成年人？如果你沒能力一直為他的整個人生負責，不如現在就讓他在心理上斷奶。

如果你是「巨嬰症患者」，讓一個不可能真正站在你的立場、了解你狀況的人為你全程導航，並敷衍地回答你，這真的能夠幫助到你嗎？

每個人都是一座孤島，這個孤島往往要自力更生才能更好地運轉，弄清楚與他人的孤島間的距離，如何才能既有界限、又不失分寸地往來，都應該先以管理好自己的孤島為基礎，不過度干涉他島事務，亦不侵占他島領地，當有健康的內在生態循環系統，自己的小島才能枝繁葉茂、健康發展。

19 自我厭惡的投射

別為他人的自卑買單

有個女孩留言給我，說她正站在感情和事業的分岔路口。她二十八歲，朋友介紹了一個相親對象，對方並沒有什麼不好，但自己就是對他沒好感，反而對一個同事有好感，想主動接觸，又不知道是否合適；工作上，她覺得公司的發展前景沒那麼好，她有一家心儀已久但是對英語程度要求高的公司，很猶豫是否要報名週末的英語班，為跳槽做準備。

小心身邊嫉妒者的建議

聽起來，這個女孩有工作目標，有喜歡的人，而目標也並非遙不可及。我問她，雖然是岔路，但明顯有一條閃著金光，妳糾結什麼呢？

女孩的開場白是：「我有一個好姐妹……」很多精彩或悲慘的故事都有相同的開始——

「我有一個〇〇」。很多人的人生都跟這位糾結的女孩一樣，受到姐妹淘、朋友、同事的影響，無法自拔。

面對感情，女孩不知道該和相親對象試著交往，還是勇敢追求有好感的同事；面對事業，女孩同樣為難，留下繼續混日子，還是蓄勢待發、重新上陣？她的好姐妹給出的建議是選擇保守、穩妥、不費力的道路，或是選跟她一樣的路。問起建議的原因，女孩說，好姐妹用自己的親身經歷佐證，這樣選是最好的。

那位姐妹淘和她年紀相當，是她的大學同學。對方的樣貌比她更為出眾，但一直沒把心思放在學業和事業上，大學畢業沒多久就嫁給了現在的丈夫。她的丈夫一直沒有什麼事業心，好在家境殷實，也過了幾年風光的日子。可是現在傳統企業式微，生意也不太好做，在畢業五年後，當其他人靠著自身努力小有成就時，實在看不出來好姐妹的日子有比其他人好。

由於這樣的經歷，姐妹淘勸女孩，做女人不要太拚命，花那麼多錢學英語，未必能學出什麼名堂，反而現在的工作已駕輕就熟，不如把錢、時間和精力花在穿衣打扮；談戀愛也不要好高騖遠，女人追求男人，男人往往不會珍惜，相親對象若可靠，就好好相處。

姐妹淘還語重心長地勸她：「當年大學時，我努力減肥，維護形象，也不過就找到像我老公這樣的，當時要是不抓緊時間，說不定現在我也還單身。只靠我們這樣的學歷和家庭，很難找到好工作、好伴侶，男人永遠喜歡年輕漂亮的，妳還是多努力打扮自己，留住相親對象，別到時候竹籃子打水一場空。」

聽起來真是言辭懇切，處處為女孩著想，但每一句話的背後似乎又暗藏玄機：「妳看我沒那麼上進，靠著外貌結果也不過如此；妳年紀這麼大了，情況還不如我，別掙扎了，又不可能過得更好。」看著女孩發給我的聊天截圖，我頭一次如此直截了當地給出建議：「別聽她的。」我無意評論好姐妹的陰暗內心，我想她本意也並非如此，但由於內心失衡作祟，她很難給出適合這女孩的建議。

所謂的「保守、穩妥、不費力的」選擇，對許多人來說是不錯的人生選擇，卻未必是適合女孩的路。二十八歲，正好的青春，經歷過社會的打磨和感情的起落，依然想要主動追求事業和所愛的人，有什麼理由不去試一試呢？即便沒有追求到所愛的人，即便沒有得到更好的工作機會，這些經歷也是一種學習。在未來的某天跟朋友吃燒烤，酒酣耳熱時，她也能不留遺憾地說自己曾經追求過！什麼都不費力的人生，真的是順從內心的選擇嗎？

善妒者的心理動機

往往我們的內心搖擺不定，還沒聽清楚自己的聲音時，就操之過急把問題丟給身邊的人，而偏偏有那麼一群人，他們是好姐妹、好哥們，卻唯獨不是好的建議者。

他們因為自己人生的侷限和內心的失衡，也想拖著他人一起放棄更好的人生。他們可能因為曾經受挫，便暗自期待位高權重者也高處不勝寒，希望有錢人都坐在寶馬（BMW）裡哭，甚至恨不得雙手扠腰等著看別人墜落。

說到底，一切都源於他們沒有得到想要的生活，因此內心深處藏著蠢蠢欲動的羞恥感，或是自卑。他對周遭的風吹草動都非常敏感，一旦有一個觸發點啟動了這種自卑感，他們就會竭盡所能地掩飾自身的缺陷。

也許是無意識的，人們總是傾向和親近的朋友進行比較。當原本跟自己的生活狀態差不多，或比自己略微遜色的人，當這些人要開始過比自己更好的生活時，這種即將出現的差距會讓內心的自卑蠢蠢欲動。

這類人的內心獨白可能是：「我本來跟你是同類的人，你怎麼可能過得比我更好？」這種想法表現出來就是嫉妒，而包裹在勸導或建議的糖衣下，則是一顆可能把你的人生轟炸成廢墟的炮彈。

他們在深夜失眠、輾轉反側，渴望也能擁有更好的事業和伴侶，然而因先天缺陷或後天落魄求而不得，由此產生無助感和空虛感。他們能繼續安心生活的理由在於，跟他一樣的人也被這種失落、不如意包裹，他們的內心深信不疑——你們並無差別。這種「一致」減少了社會比較所帶來的焦慮，讓他們獲得暫時的平靜和安穩。而一旦朋友擁有更多東西，就會讓他們意識到自己的缺乏和自卑，出現認知失調，因為他們始終認為朋友應該跟自己一樣，同步保持在這種還過得去的境遇中。這種不合理的認知會因為別人的進步和成功而扭曲，使他們崩潰，因為從始至終，他們所以為的「一樣」、「一致」、「同一類」本就是一廂情願的妄想。

每個人都有追求進步的空間，每個人都有過更好生活的可能。善妒者抹殺了自己的可能性，並不意味著別人跟他們一樣，也要因為內心的自卑而止步於此。一旦這種自卑被暴露，無所遁形，還會激發憤怒和破壞欲。

在我的生活中便有這樣的例子，本是同校、同班、同水準起步，但有些人因為堅持努力前進而被其他懶散的人排擠。排擠他人的那群人並非見不得別人好，只是見不得原本跟自己差不多的人比自己好。於是，他們會打壓、排擠、中傷他人，儘管可能是無意識的，但這些表現都是他們的自尊遭受挑戰後的自然反應和回擊，這種攻擊性有時會強烈到使人不惜代價。

或許你也曾經歷過，當生活水準的差距拉大時，那些曾與你交好的人，因為內心的自卑躲避你、疏遠你，直至形同陌路。對他們來說，最可悲的感覺莫過如此吧！別人得到了他們想要的東西，而這個別人恰好就是待在他身邊，跟他一樣平凡的朋友。

可能我們會覺得，別人的生活與我何干，他們得到的是他們的，並不是從我這裡剝奪的。然而，善妒者的內心並非如此，他們早就把那些得不到的一切歸類為「我和其他人都得不到的」，就算得到，那個人也應該是自己，而不是別人。所以，當發現別人已擁有他們還未得到的，他們便會嫉妒，認為是別人奪取了自己的東西。

自卑也可能成為動力

講到這些，我並非偽善地把自己與其他人劃清界線，我坦然承認，我也會嫉妒、會自卑。同樣，找我諮詢的女孩也會有嫉妒的執念，芸芸眾生，又有誰不曾自卑和嫉妒？那麼如何清除嫉妒的心理呢？

有一種積極且有建設性意義的方法，就是把注意力轉移到自己身上，嘗試理解自己的自卑源於哪一種創傷，透過與自己建立聯結，學會全面誠實地看待自己。也就是說，當我們害怕別人過得比自己好時，真正的問題在於自身。從精神分析的角度來看，我們嫉妒的那個對象或假想敵，其實是我們自身的一部分，是我們內心被分裂後壓抑的部分，那個部分代表著成功、可能過上更好的生活。也就是說，在我們的內心深處，曾認同自己是成功的，但種種現實或心理因素促使我們逐漸改變認知，把自己歸類到「不太可能活得更好」的那一類人。

其實，我們不能接納的是那個不夠好的自己，才逐漸壓抑對自己的厭惡並投射給身邊的人。若想消除嫉妒，歸根究柢要回到自己的身上，把可能成功的自我變得更強大。

關於自卑，心理學家阿爾弗雷德·阿德勒（Alfred Adler）曾寫過一本很有價值的書，叫《自卑與超越》（*What Life Should Mean to You*），其中談到了非常著名的理論——「補償作用」。他認為，由身體缺陷或其他原因引起的自卑能摧毀一個人，使人自甘墮落或患上精神疾病，也能使人發憤圖強、堅持不懈，以補償自己的弱點。

有時候，已經存在缺陷也會使人在另一方面求取補償，例如，古希臘的狄摩西尼（Demosthenes），其兒時患有口吃，經過數年苦練竟成為著名演說家；美國總統小羅斯福曾患有小兒麻痺症，其奮鬥事蹟更是家喻戶曉。

簡而言之，自卑也可能是鞭策人的動力，但是，若不正確面對，自卑不但會阻礙個體的發展，也可能會影響周圍人們的成長。在處理好內心的羞恥感和自卑之前，在求取人生真義的路上，也要先練就火眼金睛，看清是誰用自卑耗損你的法力，是誰菩薩心腸用霹靂手段，在磨練你的意志。

20 嫉妒的邊界

小心嫉妒背後的隱性傷害

一位離異的女讀者婷婷寄給我一封長信，她看到前夫在社群秀出與現任妻子的甜蜜合影，最刺痛她的是，她跟前夫生的兒子也在照片中，一手牽著前夫，一手拉著繼母，笑得燦爛。她隨即寄給前夫一封郵件，警告他不要惺惺作態，不要在人前秀恩愛，更沒必要彰顯現任如此偉大，把別人的孩子視如己出。她言辭激烈，發送前還不忘把郵件副本給前夫的現任妻子。

婷婷跟前夫離婚已兩年，心情一直很低落，事業發展不順，感情上也沒有進展，她最關注的就是孩子。她見兩個人不回覆郵件，一氣之下還把郵件原文發在了自己的社群上。這條動態收到了很多評論，有人力挺她譴責前夫，有人勸她這又是何苦。

她問我，這樣大動干戈到底對不對？他們畢竟曾是夫妻，說不清、道不明的糾纏太多，如果說她對前夫的態度不佳是因為兩人過往嫌隙，尚且可以理解，那麼對前夫的現任妻子惡言相向甚至不依不饒，就有失風度了。這些攻擊背後自然有正向的能量在驅使著她，比如母愛。

但若僅僅為了孩子考慮，在社交圈公開問罪毫無積極作用，甚至會把她推向輿論的風口浪尖，並不划算。現在這個時候論對錯沒有意義，我們不如分析在「討伐前任」的表象下，更深刻的心理動因。

這種明顯帶有攻擊和詆毀性質的行為，其背後是嫉妒。不是只有面對閃耀著光芒的明星才會產生嫉妒，班上成績比你好的同學、公司裡業績比你好的同事，甚至是親密到相處了幾十年的死黨，都可能讓你有一閃而過的嫉妒情緒。這種情緒的根源是，他人得到了你沒得到的東西，而你理所應當地覺得該得到的人是你。尤其在這個人跟你有關係，或者在某些方面有相似或旗鼓相當的特質時，更容易產生嫉妒。

婷婷嫉妒的是別人得到了她的前夫，甚至還跟自己的親生兒子幸福地合照，在婷婷的認知裡，這原本都應該只屬於自己，如今卻屬於另一個人。現在的婷婷不但失去了愛人、和兒子在一起的生活，她的事業沒有起色，感情也沒有著落。換成是誰都會有挫敗感，都會心生妒恨。

嫉妒是把雙面刃，就看你是否能善用

嫉妒本是一種常見的情緒，只要在合理的範疇內，我們不需要迴避和壓抑它，正是因為人類有著嫉妒這樣高級的情緒，才能不斷推動社會進步。因為嫉妒他人擁有更多的財富，所以人們更有動力去追逐；因為羨慕他人擁有更優秀的品質，所以人們想要努力進步；因為嫉妒他人獲得美滿的感情，所以人們有了一面鏡子，照見自己的問題，並做修正和調整。

可是一旦嫉妒超過了安全範疇，它就會變成人心中的一頭猛獸，吃掉人心底的善，繁衍出更多的惡。這些惡又促使人做出攻擊、迫害、侵犯和詆毀等負面行為，即因妒生恨。這頭困獸還會驅使人花費時間、精力、情感投注在他人身上，會讓人只顧著關注別人的喜怒哀樂，只為打壓他人而活。

從婷婷的郵件裡能看出，她含沙射影地抨擊前夫，赤裸地表達憤怒、怨懟。再看看她離婚後的生活，可圈可點之處屈指可數。她才三十歲出頭，是有可能做出成績的。如今，她非但沒有發揮出自己的優勢、過好自己的人生，反而成了怨婦。最可惜的是，在這個過程中她並不快樂，因為嫉妒背後是深刻的羞愧和自卑。當個體感到嫉妒，感到自身在某一方面無能為力時，自卑便如影隨形，揮之不去。

有人能利用這種自卑進化，也有人駕馭不了，便只能臣服於它，止步不前，在消極的狀態中不肯動彈，像極了琥珀中的昆蟲。

成熟的人控制嫉妒，不成熟的人被嫉妒控制

想想我們孩童時代的嫉妒是怎麼產生的，或許是鄰居擁有了一個你渴望擁有的新玩具，你不開心，然後你會怎麼做？有的孩子選擇找其他的玩具替代，轉移自己的注意力；有的孩子選擇好好表現，爭取讓父母買給自己；有的孩子會跟當事人商量，能不能交換玩具、分享快樂；還有的孩子會選擇攻擊，把別人的玩具弄壞，或者說「你的新玩具一點都不好，醜死了」。

長大後，我們渴望的「玩具」可能是個人的優秀表現、財富、情感，當再次面對別人擁有而自己得不到的時候，有些人選擇在他處覓得幸福，有些人選擇提升自己，有些人則選擇和成功者學習交流，但依然有人選擇貶低和攻擊他人。其他人都長大了，會把孩童時使用的方式昇華，沒長大的那些人依然會在嫉妒出現時，如同孩子般退縮，繼續用破壞性的方式來揮霍自己的能量。

選擇攻擊的人都是在逃避成長，不敢直面自身的問題，進而把問題轉嫁於他人。攻擊可以變成保護網，掩蓋自己的無能。時間久了，這種掩耳盜鈴式的自我防禦讓人無法看到自身的不足和問題，而周圍的人都在看笑話。如果連你都對自己的問題和人生不屑一顧，誰會願意來叫醒一個裝睡的你？所以，我們須時刻自省自己的嫉妒是否在合理範圍內，判斷標準是，它是

讓你變得更有力量，還是讓你每天都活在負面狀態裡。

如何處理嫉妒？

如果每次想到那個你嫉妒的人，你渴望的不是超越，而是詛咒和迫害他的人生，你就應該重視自己的嫉妒心理。以下是我給你的建議：

❶ 建立正確的邊界

不要總是以為一切都本該是你的。同事業績好、同學成績高、好姐妹的男友富有，這一切都不在你可控的範圍內。你真正可控的才是你的東西，其他事物都在邊界以外，不需要你操心和負責。

當你把邊界無限放大，恨不得囊括全世界時，你就會覬覦伊莉莎白的王位、富翁的財富。這聽起來可笑，可實際上正是因為你覺得那些跟你有關聯的人所得的一切都在你的邊界之內，你才會被困擾，才會產生嫉恨。可原本那些嫉恨，就不該有來由。

❷ 接納現實，適度順應嫉妒的情緒

與負面情緒對抗會讓你產生更深刻的不安，為了減少不安，內在的防禦機制便會出動，去調節這種不安，這樣極易演變成攻擊他人，以此來抬高自己。不妨學著接納自己的弱點和劣勢，正視自我的不足，客觀看待自己的優點。

❸ 讓能量流動

任何情緒都是有價值的，嫉妒亦然。它會產生一種使人奮發向上的能量，當你把它用於攻擊和詆毀，能量會停在那裡，不流動便不能成長。

攻擊是一種釋放能量的辦法，也是一種防禦方式。但並非所有的防禦方式都是消極的，如果能把消極的能量轉移到正確的方向上，同樣能產生積極的效應，這種方式就是昇華，這才是解決自卑的有效方式。

正確的方向就在你可控的邊界裡，在那些憤怒和攻擊的衝動無法被消除時，請想想那些你買了還沒讀的書，花了錢還沒去上的健身課，嚷嚷著要見卻還沒碰面的朋友。花一個月時間去琢磨他人的人生，儘管你攻擊、謾罵、詆毀，他還是那個他，你還是會嫉妒；但如果用一個月的時間來改變自己，用來學習、工作、旅行，你可以成為一個更好的自己，也許就無須再嫉妒他人。

當然，如果你覺得只有像婷婷那樣公然洩憤才舒服，請保留足夠的時間、精力去關注他人的一舉一動，並隨時準備應對各種情況，你的怒火會讓珍惜和支持你的人望而卻步。與此同時，你也要承受被你攻擊的人並沒有受到太大影響的結果，因為你的言行在不知不覺中抬高了他人、貶低了自己。這筆帳，你千萬要好好算清楚。

21 習慣即創傷

最怕聽你說「我習慣了」

我之前在微信朋友圈裡發了個問題：「日常生活中，你最怕聽到別人說哪一句話？」票數高的回覆都讓人心服口服，有「隨便」、「不信算了」、「跟你沒什麼好說的」、「我習慣了」、「哦」等等。在諸多答案裡，我對「我習慣了」這句話最敏感，可能因為這句話正好在那兩天頻繁聽朋友提起。

朋友A是一個非常獨立的女孩，再加上老公工作忙，很多家事都是她一個人處理，最近她生了一場大病，除了好姐妹自告奮勇陪同一次，其他時間她都是自己一個人去醫院。最近她的身體狀況依然不太好，我問她一個人到底行不行，太難熬就讓老公請假陪伴，這時候最需要人照顧。她回覆我：「沒事，一個人可以的，我習慣了。」看到這句話我思考了很久，不知道怎麼回答，但我懂得「習慣了」背後的心酸和失落。

朋友B在背負家庭債務的同時，工作壓力越來越大，女朋友也跟他提分手，原本就壓力重重的生活更是雪上加霜。我跟他說這麼辛苦還是要適當解壓，他很無奈，也對我說了同樣的話：「沒事，我習慣了。」

其實很多人身上都有這兩位朋友的影子，對現狀束手無策，只能調整自己的態度，麻痺自己的感知，讓自己對孤獨、壓力、痛苦等習以為常，以為這就是最好的解決辦法。這種習慣不值得肯定。每每聽到都讓我覺得心疼，他們不談感受，我卻還是能感同身受。

「我習慣了」等於「我不重要」

我們害怕聽到的不是那幾個簡單的漢字組合，而是害怕接收那句話裡隱藏的態度和情緒。每一句害怕聽到的話背後都有一個故事，每個故事背後都有傷痛。「我習慣了」，這句話背後的情緒是無奈、失落和心酸，而背後的故事可能更複雜。

他們的生命裡一定有過心理創傷，或許是某個很重要的人沒有在他們需要時，關照他們的情緒，沒有在他們脆弱時給予支持和陪伴，沒有在他們渴望愛時給予滿足。故事千變萬化，導致的創傷體驗卻總是相似。這些經歷讓當事人感到不被接納、不被關注、不被愛。更嚴重的，他們的存在感和價值感可能會被一點點剝奪，那些經常說「我習慣了」的人，還會伴隨「我不值得」、「我不重要」等負面的自我認知。每一次都用「習慣了」來應對困境和難題，並非都是自動化的反應，在真正習慣之前，他們其實一次又一次地經歷內心的掙扎。

當需要陪伴和支持時，他們也想要主動尋求幫助，但害怕被拒絕；當想要傾訴煩惱時，他們也渴望在某個契機下講出心聲，但擔心得不到安慰；當想得到愛和關懷時，他們也想暴露自己的脆弱和無助，但懷疑是否能得到回應。

朋友A和朋友B也一樣，不是沒有想過跟另一半溝通陪她去醫院，不是沒想過向朋友傾訴煩惱，但在他們的想像中，每當自己提出請求，結果都可能是被拒絕。

與其說結果糟糕，不如說內心的想像更可怕，至少從機率上講，結果只有一半的可能性不如願，但在他們的想像或「自以為」裡，結果永遠只會是最糟糕的那種情況。也是這樣的想像和「自以為」，禁止內心的渴望越界，阻礙他們去改變被動習慣的現狀，所以，那些過去的創傷體驗很難修復，負面的自我認知很難調整，他們只能在心裡一直保存著過去的故事，無法再書寫更溫暖的未來。

習慣會帶來消極的互動

「我習慣了」是一種防禦機制，因為害怕再次體驗被拒絕的失落和傷痛，所以用看似輕巧的四個字把自己限制在一個固定的模式中——不再輕易暴露情緒、表達訴求、尋求支持，他們甚至會減少與他人的接觸，讓自己保持孤獨。這種固定模式可以為他們提供一定的安全感，但這種安全感稀薄而有限。一個不敢提出合理需求、刻意跟他人保持距離的人，又能有多強大的安全感呢？

雖然我每次聽到「我習慣了」都會覺得心疼，像看到一個蜷縮著身子的孩子，極力保護著自己，抗拒外界可能帶來的傷害，但這種抗拒其實包裹著敵意，他們覺得他人不會滿足自己的需求，不值得信賴，隨時有傷害自己的可能，因此迴避接觸、拒絕溝通、刻意保持距離，這本身就是一種被動攻擊。

在被動攻擊的驅使下，他們的表現都是冷漠而疏離的，當這種被動攻擊被他人覺察時，周圍的人反而更有可能拒絕滿足他們的需求，這是一個惡性循環。**他們一旦習慣了「我習慣了」這種防禦機制，就很難意識到自己在習慣一件本不該習慣的事**，他們以為的堅強和獨立，其實是在把他人的善意拒之門外，他們以為的安全感其實建立在一個非常不牢靠的基礎之上。想把這種消極的習慣扭轉成與他人建立積極的互動，別無他法，只有勇敢去嘗試。

學著接納他人的支持及幫助

當然，暴露情緒、表達自我、尋求支持，一定會有被拒絕的可能，甚至還有可能再次受到和過去類似的創傷。但換個角度再看這件事，或許會更勇敢。

最糟糕的結果無非是再經歷一次熟悉的消極回應，或被忽視，或被拒絕，但對於這種回應你已擁有應對經驗，有保護自己的能力，畢竟現在的你又成熟了幾歲，說不定你會處理得更好，那這又有什麼可怕？

相較之下，這一生都沒有機會再體驗到他人的愛和支持才更可怕。只要你願意嘗試表達，主動打破這個習慣，就有可能用美好的經歷，代替過去保存在心裡的創傷體驗，改變自己的按鈕就在你的手邊，誰說這不是養成新習慣的機會呢？習慣坦誠而愉悅地交流，習慣接受也給予支持和陪伴，習慣擁抱愛和關懷。

《茶花女》裡有一句讓我印象深刻的台詞：「我的心不習慣幸福。」**其實，幸福和習慣一樣，都是自己的選擇**。

22 配得感

人生最怕的三個字是「配不上」

很多人對待情感的心態都很消極，總是難以相信自己會被真心喜歡，不敢接受他人的愛，哪怕自己動了心，也依舊望而卻步。他們的核心信念也可以總結為一句話——「我配不上」，還有很多相似的表達，比如「我不值得」、「我沒資格」、「我不應該得到」等等，表述不一，但都反映了一種缺失和匱乏——他們沒有「配得感」。

你是否總覺得「我不配」？

「配得感」是一個人內心對自己可以擁有什麼樣的生活的一種資格認定，配得感可以體現在很多方面：不敢被愛——情感上沒有配得感；不敢購買高品質的物品——物質上沒有配得感；獲得成功卻抗拒享受成功——精神上沒有配得感。

一個人是否有配得感，與他實際擁有多少東西並沒有直接的關係，有些人即便已經在物質和情感上具備了得到和擁有的能力和資格，他也仍舊認為自己「不配」。所有局外人都告訴他並不是他想的那樣，但在沒有配得感的人的心中，「不配」已經成了一種習慣性的自我詛咒和自我設限。

缺乏配得感的人其實很多，可能也潛伏在你周圍。我有個要好的女性友人，以前我們經常談心，她暗戀一個男同學多年，卻始終不敢聯繫和表白，她總說對方很優秀，自己配不上。這位女性朋友膚白貌美、家境優渥，還是一位博士，我曾納悶這是何方神聖，會讓她都覺得配不上？她定居海外後終於向我們吐露真言，原來那位男同學是我們的共同好友，但恕我直言，男生並不如我朋友描述的那般優秀，就是個普通的陽光大男孩而已，甚至他的前幾任女友都遠不及她。

我一直以為是她為對方加上了愛的濾鏡，但回想她過去的一些表現，後來我才明白，她只是配得感太低。例如，別人送她一件禮物，哪怕價值不高、樣式普通，她也會覺得過於貴重，接受後坐立不安，總想著償還人情；在朋友的慫恿下，她買過一條很漂亮的裙子，但從來沒穿過，不是沒有合適的場合，而是她總覺得自己穿不出裙子的美。

配得感低的人特別容易內疚。在所有該享受美好的時刻，他們總是無所適從而又尷尬萬分，如果朋友把禮物硬塞給他們，他們還會慌亂不安，甚至逃避和生硬地拒絕。

當你有以下五種表現時，那說明你在配得感上需要反思了：

❶ 經常感到抱歉，常說「對不起」；

❷ 當別人讚美你時，你會感到尷尬和不自在；

❸ 對錢敏感，不敢輕易跟人談錢；

❹ 在物質和精神層面都不敢享受；

❺ 不接受美好的感情，因為會不安。

配得感低的人，往往都有情感匱乏的童年

配得感低的人真的不值得讚美，不配享受美好生活嗎？不是他們不夠好，而是他們總以為自己不夠好，而這種「自以為」其實往往源於原生家庭。個體對自己最初的評價其實都源於父母（主要撫養人），父母認為孩子可愛，孩子長大後也更傾向於認為自己可愛；父母認為孩子值得，孩子長大後才不會覺得自己不配。

父母對孩子的評價很少直接反映在言語上，而是會滲透在他們對待孩子的方式裡；回憶童

年，你的欲望或者你想要的東西會在什麼情況下被滿足？父母會在什麼時候讚揚你？什麼時候會說愛你，發自內心地對你微笑？

配得感低的人往往在童年時期頻繁經歷被拒絕和被否定，而他們獲得滿足和認可的前提，往往是先達到父母的要求。例如，有的孩子從來沒有在第一時間得到過想要的玩具，只有乖乖表現了一個月，父母才勉強買給他；有的孩子想出去跟朋友玩遊戲，只有在考試達到父母期望的分數時才被允許。甚至有時，孩子以為已經達到了被父母讚揚的標準，父母卻還是認為不夠，總有別人家的孩子比他強，他們掛在嘴邊的都是自家孩子的不足，他們吝嗇表揚和讚美，那是孩子在童年中最稀缺的東西。

這是配得感低的根源，孩子在父母的評價中成了低價值的人，他們一次次重複著他還不夠資格，這種「我不配」的感受也一次又一次在他的心裡反反覆覆，最終形成了他的自我評價。然而，談論原生家庭對配得感形成的影響，並不是要去責難父母和不幸的童年。「配得感低」如同一種遺傳基因，一個配得感低的人，其父母至少有一方也缺乏配得感，因此父母並非有意對孩子造成負面影響，只是他們自己也受困於此。哪怕經濟條件允許，他們也不敢購買高品質的物品，省吃儉用沒什麼目的，只是一種習慣，**每當他們說「我不需要」，內心真實的聲音其實都是「我配不上」**。

親愛的，你值得擁有更多

一個配得感太低的人，是會自我應驗預言（self-fulfilling prophecy）的，因為時常覺得「我不配」，他們總是逃避和遠離各種變得更好、得到更多的機會，總是停留在委屈自己的行為習慣上。久而久之，他會習慣囚禁自我需求和欲望。當一個人的需求和欲望被壓制，結局就是他真的離更好的生活越來越遠，越來越不幸運。

追溯來時路是為了讓配得感低的人看到它形成的路徑，即便這條路無法回頭，也可以用一定的方法在認知上「重走」這條路，改變「我不配」、「我不值得」的心態，大膽去擁抱美好。我曾在微博上寫過一句話——「你值得擁有全世界」，我希望每個努力奮鬥的人都應該時不時地對自己說句話，你值得擁有更多，這是一種新的信念。信念可以影響行動，行動可以形成習慣，習慣可以反作用於行動，最終你將推翻「我不配」的桎梏，形成全新的信念，認為自己值得這一切。

你是否配得上更好的生活，需要透過努力和實踐才能知道，但你絕對配得上一場自我解救，解救困在配得感低裡的自我，因為那個被囚禁的你，本來就能成為更好的自己。

23 備胎心理

給不了你現在的人，也給不了你未來

我從來沒見過備胎能收獲圓滿的結局，即便最終成功「轉正」，感情也並不如意。

備胎的心路歷程

朋友A在一次聚會上認識了他心儀的女孩，朝思暮想，可惜女孩已經有了男友，朋友左思右想還是加了女孩的微信並表白，女孩沒拒絕也沒發好人卡，只是說：「我暫時還不能做決定。」這句話簡直就像免死金牌一樣，證明他仍有機會敲開女孩的心門，他以為跟女孩的關係就像剛播下的種子，只要時機一到就會破土而出，長成參天大樹。

這是一個備胎的春天，生機勃勃，充滿希望。

朋友B那時正跟心儀女孩糾纏，女孩的正牌男友外派出國一年，女孩的大小事情都會找朋友B幫忙，今天幫忙修電腦，明天幫忙去超市採購。除了沒發生性關係，他們就跟情侶無異。朋友B保持著熱情如火，就像一隻隨時待命的免費召喚獸，只要女孩勾勾手，他就能踩上風火輪一樣無處不往。

這是一個備胎的夏天，持續升溫，如火如荼。

朋友C更像她心上人的姐妹淘或知心姐姐，只要心上人跟女友吵架，她就一定會出動，無論夜多深，她都會第一時間出現在心上人身旁，聽他傾訴，給他安慰，還時不時地指點心上人如何討女友的歡心。她成熟理智，不會貿然進攻更不會冷落對方，她總以為有一天心上人會發現，最適合他的正是默默守候的自己。

這是一個備胎的秋天，冷靜克制，濃情漸淡。

朋友D在跟男神對壘幾個回合後敗下陣來，男神換了兩任女友都未垂青於她。朋友D心灰意冷但還不至於徹底絕望，她依然會關注男神的動態並發出微弱信號，有時是在朋友圈點個讚，有時是一句看似不經意的群發節日問候，她像追捕獵物卻永遠未果，陷入習得性無助（learned helplessness）的困獸，放棄了進攻，但仍會守株待兔。

這是一個備胎的冬天，心田荒蕪，歲暮天寒。

春夏秋冬，四季輪迴，所有備胎自輕自賤的終點都是如寒冬一般殘忍的結局。但仍然有人奮不顧身，以為自己能夠不在乎得失，即便得不到也願意守候。在喜歡的人的專輯裡，你目前還不是主打歌，但你還想做B面的第一首，至少能得到一點用以自我安慰的存在感。這種不求回報的守護的確令人感動，但並不是只要付出就可能讓對方多看你一眼。

被誘惑的追逐遊戲

風那麼冷，妳受涼了，他也不會管妳。你們若真是天造地設、命中注定的一對，根本無須妳如此費盡周折；若是緣分尚淺，還需要努力，那妳這般付出也總有出頭之日。可是妳守候的他一會兒把妳捧在手心，一會兒又把妳拋諸腦後，給妳希望，旋即便讓妳失望。也有那麼幾次，妳就要認輸了，就要承認自己得不到了，可是他隨意拋出一個示好的眼神，妳就又心甘情願跑回他的溫柔陷阱當中。

這個溫柔陷阱就是他設置的心理遊戲，這個遊戲的玩法就是追逐。妳在後面窮追猛打的時候，那個妳喜歡的人拚命地躲藏，而妳一旦要停下腳步，準備按下「Esc鍵」結束遊戲的時候，他就會立刻開始扮演追逐者的角色，反過頭來挽留妳，阻止妳撤退。他是玩家，而妳不過是陪練。

有一部電影叫《獨自等待》，講的就是李冰冰飾演的女主角和夏雨飾演的備胎間的心理遊戲。備胎向女主角要電話，女主角不給，但要了備胎的電話，拒絕中又有接納的意思，讓備胎抱有女主角會聯繫自己的希望；備胎被女主角冷落了一段時日正準備放棄追求，誰知道女主角解釋自己很忙並表達思念，備胎立刻精神抖擻，覺得是自己不夠包容大度，準備加強攻勢；備胎送女主角糖紙疊的戒指表達忠心，女主角不以為然，備胎受挫，女主角又在不經意間送備胎一支鋼筆，這一次備胎又「合理」地誤會了女主角的心意，以為自己離被女主角接受又近了一步。你進他退，你退他進，若即若離，這是一場拉鋸式的心理遊戲，支撐它繼續下去的動力，一面是備胎的不甘心和愛意，一面是被追求者的貪得無厭。

做別人的備胎，是競爭進化規則在其中起作用。一方面，人類會出於本能搜尋所有潛在配偶，找到最適合自己的人；另一方面，進化心理學又顯示，一個長期穩定的配偶更有利於撫養後代長大。一面是人類本質上無法停止追求更多的欲望，一面是婚戀關係的排他性和唯一性，在這種客觀矛盾和內心衝突中，備胎是夾縫中的產物，是緩解被追求者內心衝突的最佳人選。因為他們既不明顯逾矩，沒有從根本上違背婚戀關係的準則，又滿足了自己尋求更多愛和欲望的本能需求。與此同時，也實現了人類在親密關係當中所追求的收益最大化和付出最小化。這對於備胎來說何其不公。

在這段關係當中，備胎們損傷了自己。如果備胎們願意抬高自己，也可以說一句：「誰甘願為了愛情丟掉自尊呢？」可是字典裡的定義都指明，愛情是指兩個人之間的情感，而單方面的一腔熱忱只是單戀而已，這值得捨棄自尊嗎？更何況，這種損傷絕不只是體現在這一段關係當中。長此以往，備胎們很容易養成一種備胎思維：不去追求正確和值得的人和事，極易陷入精神內耗的狀態當中，因為他們習慣了無條件地付出、忍讓，習慣了被傷害自尊、自信和情感的模樣。

這種模式也體現在生活當中的方方面面，就像塞里格曼（Martin E. P. Seligman）實驗中的狗，牠們只要想逃出籠子就會遭到電擊，用不了幾次，狗便不再試圖掙扎逃生，只會習慣性地接受囚困和傷害。

判斷任何一段關係的好壞，包括親情、愛情、友情等，最根本也是最基本的標準就是它是否為你帶來成長。備胎在這段關係中，自身成長被阻滯，無法進步，甚至無法像以前一樣自愛和自信。**真正可怕的不是得不到你愛的人，而是失去相信人生美好、值得追求的信念**。做備胎的感覺像尖刀刺進皮膚，有椎心的痛感；也像海綿泡進水裡，吸走你所有的情感和精神，稱它為毒藥也不為過。人有時能在痛苦中得到快感，但是再快樂，它也是不健康的。

不做替補，才有春天

我見過最悲涼的備胎人物是鍾離春，因為相貌醜陋，戲劇裡為她取了一個別號，叫「鍾無艷」。她雖不豔麗，但才華出眾，被齊宣王立為王后，可這一切不過是為了彰顯君王不貪美貌，同時又能讓鍾無艷輔佐政事。大部分時間裡，齊宣王並不關心國事，耽於聲色，寵幸一個叫夏迎春的美豔妃子。後來這段故事在坊間流傳並被改編為戲曲，便有了「有事鍾無艷，無事夏迎春」的典故。鍾無艷縱然已貴為王后，治國有道，被後人傳頌至今，卻也難逃不得齊宣王的愛而淪為備胎的境地。而現在的備胎又何嘗不是現代版鍾無艷呢？跟喜歡的人唯一的聯繫，就是當他有事召喚，奮不顧身地送去安慰和鼓勵；而若他無事可求，陪伴在側的絕不是你。

林夕的詞寫得戳人痛處：「我痛恨成熟到不要你望著我流淚，但漂亮笑下去，彷彿冬天飲雪水。」歷史無法改寫，但備胎的人生還有轉折的機會，該在適當時從候補區退場了。讓你的單戀早點跨越這片沒有燈火的荒原，繼續馳騁到遼闊地帶吧，那裡燈火通明，有更多可能。

24 課題分離

「我很重要」，可能是一種幻覺

我經常收到大家的提問，這些提問雖然不是一模一樣，但我總能發現其中的共同點。這些共同點可以給很多人啟發，即便是沒有來提問的你，我想也會感同身受。

先說幾個真實的案例。

讀者甲：和女朋友在廣州合夥開工作室，剛開始發展，但父母對他抱有很大的期待，希望他回老家，因為家裡開了一間小公司，要他回來適應公司業務，之後繼承這份家業。

他很糾結，他感激父母從小到大提供他好的生活，不想辜負父母的期待，但是他對家裡的公司業務不感興趣，也不想回老家發展；他很喜歡在廣州創建的工作室，也很努力，不想讓女朋友失望，但他對未來沒把握，沒有信心。

眼下，他陷入了兩難，既想讓父母滿意，也想實現自己的夢想，不辜負女朋友的期望。他說：「無論怎麼選，都會對不起其中一方。」

讀者乙：家中長女，弟弟今年忽然生重病，她只好辭掉工作回家照顧弟弟。她的未婚夫剛剛通過了國外讀博士的申請，希望她能去陪讀，並在國外找個工作，穩定後結婚。

她很無措，既不能置生病的弟弟於不顧，也不想讓未婚夫一個人去國外，害怕他誤會她的心意，感情變淡。她說：「感覺自己很沒用，無法兼顧，要麼犧牲親情，要麼犧牲愛情。」

錯誤的自我定位，讓人疲憊

這兩個人的相似之處是看起來都處在兩難的困境中，看似都需要理智分析利弊、權衡得失，但這其實不是最關鍵的。提問者講述經歷的角度往往能暴露更真實的問題，真正需要解開的是他們藏在言語背後的心結。

讀者甲說「對不起」，讀者乙感覺自己「很沒用」，這類用詞其實包含了一種權力結構，這暗示著他們都在人際關係裡把自己定義為「主導者」，是更有權力、力量和掌控能力的人。說白一點，他們認為自己很重要，重要到非他們不可。家庭的難題只有他們能解決，只有他們的行動才能改變一切。正因如此，當他們無法解決問題時，才會說「對不起」，才會感覺自己「很沒用」。

他們的確無助、糾結，但並不是因為問題本身，而是因為他們對自己的錯誤定位。在他們看來，只有自己才能完美地解決問題，他們認為自己無所不能。所以，他們猶豫、痛苦的程度早就超過了難題本身帶來的痛苦，他們是為自己的無力、無能感到悲哀。

誰都希望自己是重要的、關鍵的、有價值的、有能力的，誰都渴望透過自己的決定和行動為在乎的人帶來幫助，解決他們的問題，但是當有人認為自己是唯一的、最重要的那個人時，是在給自己和他人製造麻煩。既是在給自己施壓，也在否定他人存在的意義。

如果有朋友跟你傾訴類似的煩惱，你會很容易被這樣的人帶偏，覺得問題就是很難解決，好像選A或選B都是錯的。這道題沒有什麼正確選項，如果你企圖在A和B中分析出一個最佳選擇，就被他的「我是唯一能解決問題的人」這個預設蒙蔽了。現實生活是複雜的，正因為複雜，選項其實還有很多。因為把自己想得太過重要，所以只能看到A和B。

回到問題本身，讀者甲既不想辜負父母，也不想讓女朋友失望，當他認定自己是扭轉局面的決定性因素時，他就看不到其他的可能性。但實際上，父母的公司有沒有可能找親戚或其他人幫忙？跟女朋友合開的工作室有沒有備選的其他合夥人可以參與，或者有沒有可能先暫緩考慮這個問題，等工作室再發展兩年看看情況，讓時間來說話？

讀者乙的困境也一樣，弟弟需要人照顧，那父母有人照顧嗎？其他親戚可以幫忙照顧嗎？有沒有可能僱用保姆或者看護？未婚夫去國外讀博士，有沒有可能先接受暫時的異地，他也是一個獨立的個體，他也能照顧自己吧？

我並不是說這些解決方式一定比A和B更好，**但只有保持開放的思路，才不會受制於有限的答案，才能看清真相：**你雖然重要，但重要不等於非你不可；你很關鍵，但關鍵不代表你是唯一；你很有用，但有用不意味著無所不能。

善待自己，放下「原罪」

我身邊就有這樣的朋友，他們在工作中是最能衝鋒陷陣的那一個，即便是團隊作戰，他們也不放心讓別人去做事，碰到困難，他們覺得自己是唯一能搞定的人。生活當中也是如此，總會把跟戀人遇到的問題都歸結到自己身上，甚至戀人對工作不滿意，他們都覺得是自己沒有幫戀人做好職業規劃。

他們之所以會急於把問題都揹在自己身上，並非是因為他們過去成功地解決了很多難題，而是源於一種不必要的「負罪感」。他們認為一切不好的結果都是因自己而起，他們的存在就是「原罪」。

故事的第一章都是相似的，他們的家庭給了他們「負罪」的理由，比如父母間的爭吵總會波及孩子，父母總希望孩子可以緩解家庭矛盾。有些家長可能說過「要不是你，我們早離婚了」、「你爭氣點，好好讀書，以後賺大錢才能不過苦日子」、「你表現好點，別讓爺爺奶奶只寵其他小孩」，這些「激勵」的語言其實是父母在把自己的焦慮傳遞給孩子。

你以為成年後的焦慮都是源於現實原因嗎？不，很多人在很小的時候就已經開始焦慮了，早就習得了把壓力和問題背在自己身上。他們認為父母不和是因為自己不夠好，沒讓父母在親戚面前抬起頭來是自己不爭氣，隨之產生的內疚不斷發酵，從兒時的「罪魁禍首」演化到長大後的「中流砥柱」，他們始終背負著整個家族的沉重「使命」。過去的經歷並沒有讓他們看到自己的侷限性和渺小，他們也害怕被別人看到自己無能為力，於是拚命地用防禦機制掩蓋和補償，用認定的重要和無所不能來虛張聲勢，自欺欺人。

可是遇到問題時，還是要面對現實。梳理過去的經歷不一定能直接解決困擾，但是它能讓人看清真相，理解過去的自己，用信心和勇氣去解開現在的心結。

你要明白，那些總是認定自己重要到無可替代的想法，看似能激發動力，鞭策自己做出改變，但因為會在現實裡處處碰壁，反而會挫傷鬥志。它是具有腐蝕性的，這種想法所帶來的焦慮和無助會傳染給其他人，也會讓周圍的人不自覺地認為他們不必承擔壓力，他們可以推卸責任，最後大家的難題變成了一個人的難題。所以，那些扛在肩上且原本屬於別人的負擔，該卸下來了。你要學會善待自己，要在兩難的抉擇中看到更多可能的選項，**你不是所有人的答案，你只是自己的答案**。

25 恐懼愛情

有時候無法戀愛，也許並不是愛情的問題

你是否也看過這種觀點呢？「如果他喜歡妳，就不會曖昧不清；如果他不再聯繫妳，別為他找其他理由，他只是沒那麼喜歡妳。」總之，無論他是不主動聯繫妳、他莫名消失、他現在不想跟妳結婚、他跟妳長期曖昧沒確定關係，結論都只有一個——他沒那麼喜歡妳。

這是電影《他其實沒那麼喜歡妳》裡傳遞的觀點，我二十歲出頭的時候也被這個觀點蒙蔽過。但凡對方沒有做到我以為的愛的舉動，我就會一棒子把他擊倒在戀愛的門前，打死也不讓進門。這一棒子就是前文提到的那種頑固的思維——不允許別人做任何不符合預期的事，只要「做了，就是不夠喜歡我，他就沒資格跟我戀愛」。

也不只我把這種觀念當作金科玉律，我身邊的女孩們也曾陷入這種思維裡不可自拔。上週我在咖啡館不小心聽到鄰桌的女孩聊天，也是同樣的套路，一方痛斥男友各種不好，另一方聽完後又煞有介事地告訴她：「妳知道嗎？原因很簡單，他就是沒那麼喜歡妳。」

我們殘忍地不談人性，不談生活的苦，不去關照對方的經歷，也不願去仔細想一想為什麼，直接簡單粗暴地認定「他不愛妳」，就輕鬆否定了這個男人所有的付出，就連那些曾讓妳感覺到愛意的回憶，也被妳認定不過是逢場作戲。好像一旦認同「他不愛妳」，就可以證明妳的戀愛理論——他愛妳，他的一切行動都要按照妳的期望；他愛妳，他就不能做任何讓妳感到失望的事情。

如果妳真的堅信，一切愛情煩惱的背後都是因為「他不夠愛妳」，妳最好一輩子都別談戀愛、結婚，因為妳一定會失望。**這個世界上並不存在滿足戀愛公式的男人，再愛妳的人也不可避免地會讓妳有失落、傷心、不滿的瞬間**，因為每個人都是獨特的個體，豐富、多面，不能因為某一句話、某一個舉動就以偏概全。

接下來分享幾個案例：

❶ 暴露在現實冷風下的脆弱自尊心

我上學時，在展覽會打工認識了一個男孩。展覽會這種兼職除了賺點錢，能學習到的東西並不多。女孩穿著高跟鞋、緊身短裙，保持微笑站一天的酬勞只有人民幣一百五十元（約新台幣六百六十五元），只做詢問解答和搬運工作的男孩一天只有八十元（約新台幣三百五十五元）。我們都是為錢而來，但我們有不一樣的理由，我是想賺生活費，這個男孩是為了養家糊口，他還有一個上高中的弟弟等他來養。

這個男孩叫徐斌，出生在大山裡，是當年那個山村裡唯一一個能來北京上大學的佼佼者。為了讓他上學，爸媽外出打工，春節都捨不得買票回家，而他又當爹又當媽，負起照顧弟弟的責任。然而考上大學並不是終點，而是償還助學貸款的開始，是承擔弟弟上學開銷的開始。來到北京，徐斌在宿舍放下行李的下一分鐘，就開始四處打聽哪裡可以打工賺錢。徐斌長得很不錯，有點山裡人的質樸和羞澀，渾身上下透著一股勤奮努力的衝勁。不是沒有女孩子喜歡他，他也有過心動的對象，只可惜徐斌是一個有著沉重故事的人。他支付不了戀愛的種種開銷，除了還自己的助學貸款，還要定期寄錢給弟弟。他在大學三年裡又長高了五公分，那條被漿洗得發白的牛仔長褲變成了褲腳懸空的九分褲，風一吹到赤裸的腳踝，就會忍不住打寒顫。暴露在現實這股強勁冷風下的，不只是徐斌的腳踝，還有他敏感易碎的自尊心。

徐斌上大二時愛過一個女孩，雖然表白方式拙劣，但還是擄獲了芳心。他們像所有校園情侶一樣，一起自習，一起去學生餐廳吃飯。徐斌從自己三餐裡省錢，硬是每個月都擠出了一點錢給女朋友買一大堆零食。

寒假後就是女朋友的生日，徐斌發起愁來。春節他沒回家，在北京的百貨公司打工，穿上玩偶的衣服，戴上可愛的玩偶面具，跟來往購物的人合照，吸引他們來買促銷商品。徐斌說那年是狗年，他演了一星期的小狗，就為了在女朋友生日那一天，他能送一份禮物，搖搖尾巴，等她的笑。寒假裡他不怎麼給女朋友打電話，要知道，當時北京用手機打長途電話，一分鐘要六角，打十分鐘，徐斌就得挨餓一天。工作很累，但是一想到她，他就能忍耐下去。女友生日時，徐斌送了一份厚禮，至少對於當時的他來說是份厚禮。

女朋友得知他為了這份禮物，大年初一還晃蕩在北京街頭，難過得哭了。女朋友提了分手，不是不喜歡，而是不忍；這份喜歡太沉重，她穿在身上的不只是一件嶄新的毛呢大衣，更是徐斌沉甸甸的心血。這份沉重壓得他們誰都喘不過氣來。後來，徐斌就不想再戀愛了。在他還不能負擔得起的時候，他想獨自承受這份沉重。不是沒有人願意和他共苦，只是他更希望跟愛人一起分享愛情的甜，而不是兩個人一起捉襟見肘，為了下一頓吃什麼發愁。

如今的徐斌已經不是當年那個為了下個月生活費苦惱的少年了，弟弟已經大學畢業，父母回家贍養老人，他在天津買了房、買了車，按部就班還貸款，一切都穩定下來時，卻還是沒有談戀愛。說起婚戀問題，他還是有揮不去的焦慮，他不知道究竟要賺多少錢才能讓內心有充足的安全感，才能讓一段感情不再沉重。他指指窗外來來往往的女孩子堅定地說：「我想讓我今後的女友也這樣腳步輕盈，可以大膽走向自己想去的地方，等我不再需要跟女友一起承擔經濟壓力時我再愛。」

❷ 難以對戀人啟齒的祕密

前些年微電影特別熱門時，我看過羅永浩拍的一部微電影《幸福59釐米之小馬》，至今難忘。男主角叫小馬，是一個三十歲的未婚青年，也是一個搖滾樂手，有很多人喜歡他，他卻從不接受她們的示愛。他喜歡搖滾青年不該喜歡的一切，比如老人、孩子和狗，他喜歡科普書籍，對這個世界一直保持著好奇。在搖滾圈裡看似浪蕩不羈是最好的混圈方式，但小馬一直潔身自好，被酒灌醉也能保持最後的清醒。

科學研究發現，人一生遇到真愛的機率是二十八萬分之一，這是比偶發事件的機率還低，也許一輩子都不會發生在自己身上。小馬說，一個男人跟一個女人做愛之後大多只有兩種反應，一種是不想理她，一種是想把她踹下床，但如果出現了第三種，即想擁她入睡，那麼這個男人可能是遇到真愛了，即那個二十八萬分之一。小馬遇到了江婷，他的英語培訓老師，一位有知識分子氣質的美女。他的才華和謙和都在約會時派上用場，最後成功抱得美人歸。

江婷就是小馬遇到的那二十八萬分之一，他想在溫存過後擁她入懷一起迎接天亮，但是小馬做不到。小馬有成人夜尿症，他在太陽下山前就要停止喝水，可是一到深夜入夢，有些事情還是無法控制。在感受到那潮濕冰冷的絕望之前，他也能像正常人一樣享受昏睡的幸福，但第二天的早晨他總會毫無意外地醒在濡溼的床單上。雖然這種病沒有什麼值得嘲笑的，但男人怎麼會好意思對心愛的女人說「對不起，我尿床了，而且我會天天尿床」。那會是一種怎樣的尷尬和羞愧？

俄羅斯人安德烈．齊卡提羅（Andrei Chikatilo）也是夜尿症患者，因為被他人嘲笑，他成為一個變態殺人狂，殺害了五十三個人。小馬沒成為殺人狂，但他一次又一次親手殺死了自己的愛情。他不想被別人發現他有夜尿症，一次次在半夜溫存過後離開或把女朋友趕出家門。

長期的穩定關係對小馬來說是不可能完成的任務，更不要說結婚了，女朋友肯定也會疑惑：「為什麼這個男人總是無法跟自己同床共枕，他是不是不愛我？」只有在還不需要用睡覺作為戀愛必備活動的中學時代，小馬才有過長期穩定的戀情。這些年，他就只能跟來去匆匆的女孩睡上一覺，沒有機會好好相處。可是江婷不一樣，她是小馬想要守護的女人。他做出了努力，為江婷配了家門鑰匙，打算共同面對問題時，江婷卻先離開了。

如果這一生你都沒有遇到那二十八萬分之一，也會覺得這沒什麼了不起，可是一旦嘗到了甜頭，就會滿腦子都想著這件事。小馬最終還是忍耐不了相思之苦，決定找江婷坦白一切。跟江婷溫存過後，小馬沒有選擇離開，他睜著眼，等待著天亮。電影到這裡戛然而止，結局讓人遐想。我想像著早晨起來之後小馬跟江婷解釋的畫面，當一個男人把他最難以啟齒的祕密告訴戀人時，究竟有著什麼樣的心情。有時候不敢愛，不敢面對，是太害怕失去，害怕失去自尊也換不回愛人。

❸ 害怕再次受傷，於是不相信愛情

我以前在北京宇宙中心的聚會群裡認識了常先生，他有才情又多金，迷倒了很多群裡的女孩。據說他單身兩年了，可是誰都不信，有這麼優秀的條件還單身，要不就是「亂花漸欲迷人眼」，挑不過來，要不就是花花公子沒有固定伴侶，百花叢中走，片葉不沾身。群裡沒有一個女孩敢向他直接示好，看過他前女友的照片之後更是沒有人敢靠近，前女友這種讓人惡向膽邊生的生物，只要存在過，就能讓人心生妒恨，更何況她還是一個真正的「白富美」（皮膚白、家境好又長得美麗）。

我看過常先生寫的很多日誌，篇篇充斥著對過去的懷戀和對現實的無奈。他既忘不了舊愛，又因為現實中無人可愛而悲傷。他對我說，有時候女人比你想像的還複雜，她們在戀愛前就設定了條條框框。你要帥，又不能太帥；你要有錢，但也不能太有錢；你要有才，又不能太有才。一旦超出她們的標準太多，她們就擔心你會變成光芒普照的太陽，會有很多女孩圍在你

的身旁。還有一些女人的靠近和取悅，並不是因為真的愛他，而是只愛他的光環。當帶他去跟朋友聚會或走在街上被別人羨慕時，她們覺得有面子，這可以滿足她們的虛榮心。還有的女人僅僅是旅途過客，在這個月台候車，急匆匆奔赴下一段旅程，他不是她的終點，她們只是透過一個又一個男人來填滿自己的人生，自己也不知道自己要什麼。

常先生也渴望遇見與自己真心相愛的戀人，卻發現連自己都不夠誠懇。他愛過的前女友在他身邊從涉世未深的小女孩出落成亭亭玉立的輕熟女，最後卻變了心。他從未想過他還會娶別人，他沒想過見證彼此成長的青梅竹馬最終成了傷他最深的一個人；他害怕面對告別和背叛，不再相信世界上還有矢志不渝的愛情。面對追求者的躊躇不定、猜忌試探，常先生看不到真誠，他也不願拿出自己的真誠。於是他過起了封閉自己的日子，成了女人口中的暖男或渣男。別人對他好，他也對別人好；別人不靠近，他也不會主動靠近，他不承諾什麼，也不保證什麼。他看著經過身旁的女人在自己身上索取著短暫的安全感、膨脹的虛榮心以及自以為是的愛意，僅此而已。他不願讓任何人真正參與到自己的生活當中，拒絕被任何暖意和漣漪融化，打破好不容易築起的冰冷和寧靜，覺得你來我往是無趣至極的事，也不再相信別人了。因為體會過被放在心尖上，後來登高跌重，知道再摔一次會粉身碎骨，於是愛不起來了，想給自己留個全屍。

愛情現在是讓他噁心的詞，他卻不為此感到遺憾。有時候男人不能戀愛，是還沒辦法自我療癒，也遇不到願意療癒他的人。

日劇《美女沒人愛》講述了三個約二十歲女孩的戀愛故事。一個因為嫌麻煩只想追求事業而不想談戀愛，一個從來沒有真正喜歡過別人而無法談戀愛，還有一個因為害羞、畏首畏尾而無法開始戀愛。真是一部有趣又生動寫實的都市愛情劇，演出了很多適婚女性的喜怒哀愁，讓當時的我沉醉了許久。

最近又翻出來重溫，不禁感嘆人果真在不同年齡層看同一部劇會有不同的思考。以前只顧著抱怨男人、心疼自己，可是現在看來，無法戀愛的又何止女人呢？徐斌曾因物質匱乏而沒有安全感，小馬懷揣著難以啟齒的隱疾以及敏感的自尊心，常先生有一顆被傷得體無完膚的心……還有故事之外千千萬萬的男人，或許他們有著意想不到的理由而無法開始戀愛。有時候無法戀愛，也許並不關愛情什麼事。可是一旦戀愛，他們一定會把無數個不戀愛的理由偷偷藏在心裡。這些男人一定需要穿過重重的猶豫和困難，才能留在妳身邊。

我看著身邊這個雖然笨拙到記錯紀念日，卻願意跟我度過每一分每一秒的男人，終於決定不再那麼輕易地對他說「你不愛我」。

第五章
擊碎假我

26 告別低自尊
「迴避」無法解決問題

很多勵志口號都在不停地說：「你值得擁有更愛你的人，你值得過更好的人生。」之所以要這麼用力地強調，是因為我們不再輕易相信這些真的會發生。

頹喪，是低自尊的表現

王菲的〈暗湧〉歌詞裡唱：「害怕悲劇重演，我的命中注定，越美麗的東西我越不可碰。」這句歌詞想必是很多人的真實內心寫照，我們不敢企及更高的目標，不敢觸碰更美好的生活，因為內心早就不再相信自己能成功、能過得更好，我們也不再相信自己能得到幸福。用時下的流行語來說，我們過得很「頹喪」，總是頹廢又絕望，也沒什麼目標和希望，活著似乎只是為了活著，我們能躺著就不坐著，能坐著絕不站著，生活漫無目的，如同行屍走肉。

這種「頹喪」越流行，我們似乎越坦然；這個隊伍越壯大，我們就越心安，好像「頹喪」成了我們的共性。可真相是，「頹喪」不過是低自尊的表現。一個人對於自我價值的判斷、對於自我的總體評估代表了一個人的自尊程度。如果一個人總是給自己偏低的評價，那麼無疑他是一個低自尊者。

大學時我在社團活動中認識一名校友，因為我們喜歡的音樂類型一樣，所以一直都有來往。畢業那年，他是全班第一個找到工作的，不是因為他很優秀，而是因為他不挑，面試的第一家公司錄取他之後，他就沒有再看其他機會。他說這份工作不錯，能賺這些已經超出期望，儘管他的薪資水平在畢業生裡算偏低的。畢業五年，同學們都不知道換了多少份工作，只有他還在原來的職位，據說有獵人頭公司挖他跳槽，能升職能加薪，但都被他拒絕了。我曾問他，是因為實現財務自由了嗎？還是對現在的工作很滿意？他說，新工作肯定有更高的要求，自己程度有限，也沒什麼能力，勝任不了，還是算了吧。

感情上他也一直這樣「不思進取」，幾次興奮地跟我說喜歡一個女孩，最後都不了了之，不是追求失敗，而是他根本就沒採取任何行動。他說：「我怕自己配不上。」他哪是覺得自己配不上一個好女孩、一個好工作，他是覺得自己配不上任何好的東西。即便真的有一天，有一份好工作或有一個好女孩降臨在他面前，他也會覺得這不過是僥倖，即便他得到了，也會搞砸一切。他就是典型的低自尊者，低自尊的表現可不僅僅是害怕失敗，最致命的是他們有一種根深蒂固的信念，就是「我不夠好」。

低自尊的形成和表現

他們拒絕獲得更好的生活，原因並非是那樣的生活遙不可及、高不可攀，而是即便美好就在眼前唾手可得，他們也覺得自己不夠好，配不上。每念及此，他們都會生出一種羞恥感，因為自己不夠好而感到羞恥，因為自己沒有跟美好的事物相匹配的價值而羞恥。儘管這種羞恥感並不客觀，只是因低自尊而產生的，但仍被心理學家格辛．考夫曼（Gershen Kaufman）稱作「關於自我的一種最令人心碎的情緒體驗」。

低自尊的人可能並沒做錯什麼，甚至沒做什麼，對於他們而言，僅僅是「我不夠好」的認知現狀都足以讓他們感到羞恥。這何嘗不讓人感到心碎呢？這種「我不夠好」、「我不配」的信念絕不只是一時的矯情和低落，它會滲透到生活中，時刻影響著低自尊者的想法和行動。

低自尊的人不喜歡自己，也覺得沒有人會喜歡自己。出於這種羞恥感，他們很難產生積極的情緒，他們既輕視自己，又會因為這種輕視而厭惡自己。連自己都不喜歡自己，他們更不認為會有人真正地愛自己。

低自尊的人對於負面評價異常敏感。他們執著於自身的缺點，更關注錯誤和失敗，對於來自他人的評價，他們也會有誇大和扭曲的掌聲——對讚揚視而不見，用批評以偏概全。不管得到多少人的讚賞，他們都會極力去捕捉不認同的聲音，並對此耿耿於懷。

低自尊的人會有迴避行為。他們既感受不到別人對自己的認同，也不相信會有人喜歡自己，他們覺得不如乾脆就躲在安全地帶，儘量迴避可能會帶來傷害的環境。

他們可能疏於與人交往，這不是因為他們享受獨處，他們是在用這種方式保護自己，他們擔心外界反饋給他們的是拒絕和否定，這會再次驗證「我不夠好」、「我不配」的消極信念。

低自尊的信念看似根深蒂固，但它並不是天生的。只是在人生早期階段出現，有時會被誤解為是天生的。**低自尊跟童年的經歷有關**，當孩子長期生活在批評多於讚揚的環境下，因為得不到支持，**漸漸不再相信自己值得被愛**。他們的腦海裡會形成很多等式：成績好＝被喜歡，守紀律＝被讚揚，當無法達到等式上邊的標準，他們就給自己建立了新的等式：我＝無價值。如果沒有其他人能提供孩子積極的關注和正向的肯定，這種思考方式會漸漸內化成「我不夠好」的核心信念，至此，又一個低自尊的人產生了。

如何告別低自尊，重建內在自信？

提高自尊程度，並非一朝一夕就能做到，這同樣需要長時間的努力，正像低自尊形成的過程一樣，是日積月累、不斷強化的結果。

首先，承認它的存在。很多低自尊者不願意面對這種羞恥感，他們會否認「我不夠好」的信念，把它隱藏得越深，就越是難以鬆動它的存在。意識到這種信念存在就是改變的開始，因為你不再是跟虛無的「頹喪」作戰，而是有針對性地去改變這種以偏概全的不合理信念。

其次，學會區分。「我不夠好」、「我不配」和「這件事我做得不夠好」、「我跟這個工作不匹配」是不一樣的概念。低自尊者時常模糊這兩種概念的界限，因為某件事的挫敗和失誤徹底否定自己，這反而成了對錯誤信念的強化。當把客觀的認知從「我不夠好」的信念中剝離出來，你會發現，「我不夠好」不過是個搖搖欲墜且缺乏事實支撐的「假想」。

最後，自我強化。儘管一個人的低自尊源於童年沒有得到無條件的愛，但成年之後也不必再去追尋同等形式的補償，因為從他人身上尋找無條件的愛去填補缺失，這種動機本身就會促成傷害的發生。

你要做的是愛自己，給自己更多積極和關注。從過往經歷和當下生活中找到成功和做得好的地方，你會發現，你的人生並沒有被失敗和「頹喪」填滿，依然有很多閃光的時刻，而這是「我真的很好」的證據。

低自尊的「頹喪」並不是不治之症，迴避問題才是；如果你已經意識到問題的存在，願意付出努力去改變，未來的你值得更好的生活，或許現在的你其實也很好，只是你自己不知道。

27 習得性無助

嘴上總說「我不要」，身心卻很誠實

經常在電視劇裡看到這樣的橋段——女友過生日，接連說了十幾次不要送禮物，但男友若是當真什麼都沒送，女生一定翻臉，或是像受了天大的委屈：「我說『不要』，你還真的不送啊？你心裡就是沒有我！」

或者女友生病時，主動「懂事」地對男友說：「你不要來看我了，我沒事，你先忙工作。」如果男友聽到這句話就真的不去探望或加班後再去，那就等待一場血雨腥風吧！女友會哭得梨花帶雨指控男友不重視她，無視她的需求。

作為女性，這些小心思我很能理解。明明想要，但就是不開口表達，是矜持也好，委婉也罷，背後的核心意思都一樣：我希望我無須開口，你就能懂我的需求，並且能完美地滿足我的需求。所以，很多人表達需求的方式都很矛盾，明明渴望對方的陪伴和愛，卻絕口不提，或乾脆用否定和拒絕的方式來表達需求。

可是現實生活中，即便是再有默契的戀人和朋友，也總會有很多無法明白彼此的時刻，也會有不了解對方需求的時候。我們若是想讓對方明白自己的想法，最簡單直接的方式就是告訴他，而不是藏著、否認著。「我需要你」其實不只是一句情話，它也是一種自信的表現。那些不敢說出口的需求，或者先推開、先拒絕的表達，可能是因為自卑。

你為什麼害怕表達需求？

我們習慣把表達需求看成一種「自我不足」的表現，嚴重點說可能是（在某一方面）「無能」的象徵，「需要別人」看起來是在表示我們不夠強大，沒有能力自給自足。明確地表達需求，會傷害自尊心，如果表達後對方沒有理會，那會讓我們的自信心再次退縮。

順著自卑的心態延伸，還有人認為「表達需求↔被滿足需求」的互動模式，會讓自己陷入被動、被控制的局面。在他們看來，一旦表達了需求，就相當於暴露了自己的弱點和缺陷，而對方滿足自己的需求就像是在施恩，更加說明了自己在關係中的弱者地位，這是他們無法接受的。還有的人既敏感，自尊又比較強，他們認為，真正願意滿足他們需求的人是不用他們開口的，而一旦開了口，對方就是在「要求」之下去滿足自己，這並不是出於真心實意，可能只是出於憐憫或同情。這種滿足更像是乞討而來的，不要也罷。

當然，無法合理地表達需求還可能是因為過往習得的經驗，**如果經歷過多次被忽視、被拒絕需求，他們便會「習得性無助」，認為表達了需求也無濟於事，不如一開始就否認自己的需求，他們害怕再次體驗需求不被滿足的失望。**

表達無能，是安全感作祟

種種對表達需求這件事的複雜心思，背後的情緒都指向低安全感引起的恐懼。自卑的人安全感低，他們的恐懼是自己的缺點和不足被人看到，所以他們不敢表達需求；害怕在人際關係中處於弱勢地位的人，其安全感低，他們的恐懼是這種被動的地位會帶來控制、壓力甚至傷害，所以他們不敢表達需求；敏感、高自尊的人安全感低，他們的恐懼是不能被平等、尊重地對待，所以他們不敢表達需求；習得性無助的人安全感低，他們的恐懼是被拒絕、被忽視，所以他們也不敢表達需求。這些恐懼不論來源於何處，最終都指向自己，久而久之，這些對內的情緒沒有及時得到處理，因受阻而無法流動，會不安分地轉化成對外的情緒，恐懼會變成憤怒，擔憂會變成指責。

我們會看到有人高高在上地指責對方做得不好、不對，但這個「不好」和「不對」是指什麼呢？顯然，衡量標準是自己的需求。需求沒有被滿足時他們就會憤怒，會把情緒指向對方，用這種方式來提醒和表達「我需要」、「我想要」，這種憤怒的方式隱藏了內心的恐懼，同時也讓自己顯得不那麼「弱勢」。很多人批評用這種方式提需求的人太過蠻橫跋扈，實際上這種傲慢並非為了顯示自己高人一等的地位，這只是讓他們在心裡有一種「扳回一城」的感覺，為的是心理平衡。也有人會越過憤怒的階段，直接進入無望的狀態，他們似乎已經懶得去表達，而是會說自己並不需要，這雖然是一種自欺欺人，但是可以避免讓他們面對不被滿足的可能。

所以，一個無法合理表達需求的人，他的人際關係要不就是因為總是充滿憤怒，而長期處在緊張狀態中，要不就是因為無望而拒絕互動，長此以往就會變得疏離淡漠。畢竟，人際關係就是在雙方不斷滿足彼此需求的過程中被建立和維繫。**在表達需求上出了問題，便很難長久地建立親密關係**。

如何合理表達需求？

無法合理表達需求的原因除了缺少方法，還包括沒有理解這四件事：

❶「需要」不是「無能」的表現

渴望愛和陪伴、需要照顧和關注，就像需要一杯水、一餐飯一樣，都是合理而正當的，它並不意味著我們是有缺陷的、是無能的，而只是恰好在那個時刻，我們希望能加入些什麼，讓生活變得更好。

❷區分「需要」和「要求」

說出口的需要只是一種訊息的傳達，它跟要求在本質上有區別；前者是提出希望和建議，後者是命令和強制。表達需求是權利，也是能力，不用背負太多的壓力，更不必假裝自己完全可以自給自足，掩飾和逃避自己的真實需求，只會讓壓抑為自己帶來更多傷害。

❸不要只是單向地看待需求

不必只盯著自己對他人的需求，良好的關係需要你來我往的互動，所以在向他人提出要求時，你也同樣在不斷滿足別人的需求，你並不是一個處於弱勢、總是有求於人的角色，你在需求互動鏈中是重要的一環。

❹需求並不一定能被滿足

表達需求的壓力還來源於我們太渴望它被滿足，因此擔心自己會失望。可實際上，所有需求都能得到滿足不過是過於理想化的幻想，不被滿足是常態，是偶然中的必然。不被滿足的原因有很多，可能是對方的條件有限、可能是外部的情況不允許，這跟對方是否願意滿足你是兩件事。

如果能明白上述這四件事，跨過這四道坎，不但能在人際關係層面更進一步，也能在自我成長上有所提升：因為一個真正內心強大的人，既可以直面真實的自我需求，勇敢地表達，同樣也不會因被拒絕而感到失落。

28 創傷的強迫性重複

難以自拔的畸形戀愛

什麼是好的感情？是能夠讓雙方享受其中，並讓自己更好的關係。雙方都能既保持自由又能在關係裡變得更好，這種愛情當然是最好的，但我們還是一次次被這種語句打動，因為在現實中想成為更好的自己太難了。往往我們在愛情裡看到了彼此身上的不堪，最終兩敗俱傷，大多數的感情都沒有讓我們變得更好。相反地，戀愛中的我們要不就還是原來的自己，要不就是變得更糟糕。所以，那個所謂更好的自己顯得可貴，我們都渴望著，卻都沒得到。

為什麼總是陷入畸形戀愛？

因為沒遇到對的人？每次遇人不淑，我們都如此安慰自己，但下一次又像著魔般撲向那個錯誤的懷抱。更難以解釋的是，錯誤的懷抱總是錯得如此相似，人總是反覆被同一塊石頭絆倒。我們身邊的人或者自己可能就有過類似的遭遇，歷任男友都很渣，他們有著驚人的一致性，都出軌或擅長使用冷暴力。他們像是批量生產的產物，又分次投放到我們的戀愛旅程中，後來我們漸漸開始懷疑，是不是自己也有些問題？

我參加諮商督導會時，聽過其他諮商師分享了一個案例，該名女性來訪者談了三段戀愛，有被動成為第三者的經歷，也有過主動插足的經歷，可以說她是個「慣犯」。每次都是她主動結束難堪的關係，她自述非常痛苦：「好像經常會被有家室的男人吸引，每次都莫名其妙捲進了三角戀。」

第三者的身分自然該被唾棄，但是當這種關係模式多次重複出現，背後一定有更深層的原因。就像很多人明明知道該遠離渣男，卻又會再一次愛上。她們是在一次次復刻過去經歷的痛苦，是一種創傷的強迫性重複。

諮商案例中的女來訪者，她的母親身體虛弱，她出生之後母親曾長時間臥床養病，這導致她的父親一直遷怒於她，把母親的病怪罪到她頭上。成年之前，她在家庭中感受到了一種非常矛盾的關係，她既被父親忽視著，但又能感覺到父親是愛她的，父親的反覆無常，無疑為她的成長帶來了痛苦。成年後，她一次次成為戀愛關係中的第三者，重演她在原生家庭中發生的故事：她既被愛著，又被忽視著，對方既不願意放棄她又不能給她完整的愛。

創傷的「強迫性重複」

「一朝被蛇咬，十年怕井繩。」這句話在生活中很有道理，在情感中卻恰恰相反，我們雖真切經歷了創傷，感受到了痛苦，但是如果我們沒有給過去遭受的創傷和痛苦一個合理的解釋，潛意識就會不停地驅動我們去相似的關係裡尋找答案。

為什麼父親對她有如此矛盾的感情？為什麼她不能得到完整的愛？這些疑問沒有在過去得到解答和釋懷，她便希望在未來完結和平復。這種未竟的心情中還隱含著一種期望——說不定受過的傷會在這一次戀愛裡癒合，沒有得到完整的愛的缺憾，會在這一段關係中彌補，她想得到的不是眼前人，而是報復父親的快感：「你看，你沒有給我的，我還是得到了。」

這種不甘會一直埋在心裡，蠢蠢欲動，看似是命運捉弄，才讓一個人總是遇到給自己帶來傷害的人，但實際上，她不斷地重複過去的創傷來實現自己的願望，即獲得關注和愛，試圖補償自己過去的缺失。

我很喜歡電影《令人討厭的松子的一生》，主角松子就是強迫性重複（compulsive

repetition）創傷的典型代表。松子總是遇到不珍惜她的男人，奮不顧身地投入其中，哪怕她極盡所能去取悅他們，也總是無法得到溫暖而誠懇的愛，這就是她跟父親關係的重演。生病的妹妹「爭奪」了父親大部分的關注和愛，父親對松子總是冷漠而疏離，偶然一次松子扮鬼臉逗笑了父親，這讓她學到了一件事——扭曲自己去迎合和取悅父親，才能得到父親的喜愛。長大之後的松子，對待愛情的態度也是如出一轍：「無論你怎樣待我，我都會給你最熱烈的愛，哪怕這讓我失去自己。」

松子式的戀人，只會愛上給自己帶來傷害的人，在某種程度上這算是一種「自虐」，那為何他們不能改變這種重複性的錯誤呢？

除了想要釋懷、彌補缺失的愛，另一個原因是，他們已經在過去的關係裡形成了一種認知和行為模式，並習慣性地用這種方式來保護自己，它算是一種防禦機制。就像面對衝突時，有人會躲避，有人會從正面迎擊，還有人會假裝衝突不存在，每個人都有自己的應對方式，本質都是在保護自己。哪怕它有時不合時宜，但因為習慣，我們並不總是能意識到需要改變。所以一個人愛上的那個人，一定是在某種程度上迎合了他的習慣，讓他可以繼續用習慣的方式去面對自己和對方。

所以，「讓我們在感情裡成為更好的自己、更自由的自己」只是一種理想化的願望。在現實裡，我們選擇伴侶的前提是，保證自己的生活節奏不被打亂，不需改變慣常的應對方式，這更像是一種本能。如果一個人毫無安全感又多疑，她總是會愛上對她若即若離的人，她會透過不停地試探和詢問，去確認對方是否愛自己，試探和詢問就是她熟悉的應對方式。如果遇到了一個跟她一樣的人，她的應對方式就毫無用武之地，這反而會讓她更加惶恐，因為當防禦機制無法起作用，她會覺得無法保護自己，更不安全。

這樣的戀愛關係當然是痛苦的，但我們每個人內心都深藏著另一種恐懼——改變自己的應對方式，那是更大的痛苦，於是我們早在每段關係開始前，就做出了「最佳選擇」，既然都是痛苦，那不如選擇一個更輕量級的、更熟悉的痛苦，所以一次次愛上那些本應該遠離的人。

有沒有可能在戀愛裡成為更好的自己？當然有，但前提是意識到自己的戀愛一次次失敗的原因，找出自己在戀愛中究竟在補償什麼、尋找什麼，以及那些過去的應對方式是否合理。

改變當然是痛苦的事，但這種痛苦只會持續一陣子，繼續錯誤的感情可能令人痛苦一輩子。是自欺欺人地活，還是奔向更好的自己，並不取決於遇到了什麼樣的人，而在於自己到底想做怎樣的人。

29 跟原生家庭的較量

你是用談戀愛的心態，跟父母相處嗎？

我的一位好朋友決定換個行業工作，主動降薪從零開始，她自己倒是不覺得辛苦，畢竟追夢從來不怕晚。但她媽媽看不下去，最近頻繁要她轉回老本行，工作穩定、薪酬豐厚，再找個同樣可靠的老公，踏踏實實地過日子。她當然不會聽從父母安排，但也實在受不了母親的嘮叨，衝著家裡喊話：「我做不到你們要求的可靠！」之後就甩門而去。

緊跟著她就發了一條朋友群組動態，一杯酒的照片配一句話：「父母為什麼就是不能接受我的選擇呢？」我看到幾位共同好友在評論區裡聊了起來，關心之餘吐起了苦水，都是而立之年的成熟男女了，面對跟父母之間的矛盾，還是會一秒鐘變成無助的小孩。從法律意義上獨立了十幾年，但似乎從未在父母那裡得到過獨立的許可。

我在「將軍知道」這個專欄裡也頻繁看到關於和父母關係的困惑，為人子女，我太了解那些失望和煩惱了。

站在「戰友」的角度，我發自心底地明白想要吶喊的衝動：為什麼父母就是不能像我們想的那樣呢？為什麼他們不能接受這樣的我呢？為什麼他們總想改造我呢？但父母大概也會為此煩惱，說不定在跳廣場舞的休息空檔，也會跟老姐妹淘吐槽，為什麼女兒就是不能像我想的那樣呢？為什麼兒子就不能接受我的建議呢？為什麼子女這麼不聽話呢？

相愛相殺的關係

作為子女，你在苦惱父母不理解你的選擇時，其實你跟父母犯了同樣的「錯誤」——你也沒有接受父母的觀點，你不但想改變他們，還想讓他們聽話，你也很頑固啊！像我的那位朋友，她覺得父母就該試著理解和接納她的「不可靠」，可是她也沒有試著理解和接納他們的「可靠」和「追求安穩」啊！自己做不到優秀的女兒，就別跳著腳要求父母優秀了好嗎？

可能是因為看了太多感人至極的親情故事，和歌頌父愛母愛的藝術作品，我們對父母的期望值變得越來越高，衡量父母是否優秀的標準也越來越嚴苛，普通的父愛母愛滿足不了我們了，一切都要向愛的最高級看齊。

朋友的父母掏出多年積蓄支持他創業，我們覺得這才是真正的父愛母愛；表姊的父母在婚前就為她準備好了豐厚的嫁妝，我們覺得這才是父母應該做的；從小到大最討厭聽到「別人的孩子」，現在我們卻總盯著「別人的父母」。

不要總是拿「極限」去衡量「常態」，我們大多數人都是常態分布裡「居中」的那部分樣本，並不是所有父母都能像從影視作品中走出來的一樣。我們不是出類拔萃的子女，也沒有組成相親相愛的大家庭，或許以後也不會。我們跟父母既愛著彼此，又不停傷害對方，有很多解決不了的矛盾，也有一家人共度難關的經歷，我們會爭吵、會拌嘴，誰都會失望，但其中的原因從來不是單方面造成的。父母有問題，而我們也並不無辜。

不要總是理直氣壯地覺得生養我們的父母就應該理解我們，無論我們做什麼，他們都要給我們想要的支持和安慰。既然都是成年人了，憑什麼父母就要退一步讓著我們？**成年人要明白一件事，這世間所有的關係都是千瘡百孔，即便是父母，他們的人生任務也不是讓子女滿意。**

長大後和父母的關係，反而要「疏而不離」

問題剛好就出現在這裡，我們並沒有掌握在成年後跟父母相處的祕方，很多人拿談戀愛的心態在跟父母「較量」，種種要求和標準越來越高。既要求父母跟自己三觀一致，又渴望他們無微不至，只要稍微不順心，就立刻給他們扣上一個「不愛我」的帽子，讓他們做父母比做戀人還累，畢竟他們已經一把年紀。

雖然父母和戀人都是給予愛的人，但這兩種愛的方式和相處模式卻完全不一樣。從家庭系統理論來說，共度一生的人才是最親密的，戀人處於系統最核心的位置，所以對另一半有更高級的情感需求是合理的，要有一樣的價值觀、相似的人生目標，要能互相適應彼此的生活方式，互相包容，這些都非常正常，因為這些是愛情能繼續發展的根基。

正因為是要共度一生的伴侶，「伴」字已經足以說明伴侶之間對於關係品質有更高的標準，所以，找什麼樣的工作、選擇什麼樣的生活方式、做什麼樣的人，甚至可能幾點睡覺、幾點起床這樣具體的問題，都需要達成一致，至少是能互相包容。但父母不一樣，成年後，子女跟父母的關係裡。最核心的詞應該是「放手」，而不是伴侶之間的「親密」。

子女要學會獨立生活，建立自己的家庭，父母也要重新適應空巢，找回自己的生活，子女和父母的關係本質上是漸行漸遠，而此時要求彼此像伴侶那樣，就違背了關係核心的要求。

漸行漸遠是給子女時間和空間去開啟自己的人生，成年後子女要重新梳理跟父母的關係，不再像從前那樣依賴。子女的世界在變大，也只有漸行漸遠才說明關係是健康的，子女有更大的人生範圍要去探索，而不是繼續圍繞在父母身邊。我們常吐槽的媽寶男、巨嬰女，實際上就是他們沒有與父母漸行漸遠，他們和父母緊緊捆綁在一起，無法真正長大。但「漸行漸遠」跟疏離並不一樣。漸行漸遠不代表冷漠和毫無感情，子女和父母只是換了一種方式相處，依舊給予彼此適度的關愛和支持，但遵守彼此的界限。疏而不離，才是正確的相處方式。

不理解才是常態

所以，當你苦惱父母為什麼不理解你時，想想你自己也沒多理解他們，是不是感覺平衡多了？其實，不理解才是常態，要出生在不同時代的人、有不同成長經歷的人彼此理解，本來就是一道高難度的題目。如果需要恰如其分的共情和無條件的支持，去找另一半就好了，父母並沒有這樣的責任和義務。

把父母的不理解和不支持看成大事，並苦苦苛求不讓彼此失望又皆大歡喜的相處，這才是讓問題變複雜的原因。就像前文所說，我們跟父母的真實關係其實並不完美，我們既愛著彼此，又難免傷害對方；有解決不了的麻煩，也有一家人共度難關的經歷。

父母和子女間注定矛盾重重，相愛相殺，如果我們明白這才是親情本來的樣子，就不會再計較那些不夠理解、不夠包容的時刻吧！因為哪怕不能互相理解，始終毫不懷疑地愛著彼此。

30 「巨嬰」的愛情

這不是愛情，是虐戀

我曾經在朋友群組裡圍觀了一場隔空告白，這對情侶相戀兩年，終於結婚。說起從相識到立下婚約的愛情點滴，兩個人一致地認為對方對自己特別好。

男生回憶女生總是準備好每一餐飯，總是能讓他穿著熨好的襯衫上班。女生趕忙回應，她記得男生冒雨趕幾十公里接她下班，半夜不管幾點只要她餓就起床為她煮麵。兩個人都覺得這就是愛對了人，乾脆趁著良辰吉日把好事落實，明年今日便是結婚紀念日。

朋友問我羨慕嗎？我並不羨慕，把那對情侶的名字一換，那也是我曾經的戀愛故事。前任從沒讓我親自繫過鞋帶，生理期時都是他為我準備紅糖薑湯，而他每次出差的行李箱都由我收拾妥當，家裡的東西放在哪裡，他從來不知道，都是喊一聲我來找。

曾經我也會不自覺地炫耀這樣的愛情，直到有一次他出差打電話問我有沒有幫他帶換洗的褲子，被同事聽到笑話我們說：「這麼大的人了，怎麼跟孩子似的，自己的東西都不知道要準備好。」要不是同事這句玩笑話，我可能一直都沒有意識到，我們的關係不是在遵照戀愛模式，更像是在延續小孩子跟家長的互動模式。

不成熟的成年人，不是缺愛而是缺照顧

上幼稚園時，家長幫孩子準備好衣服，甚至幫孩子穿好；上小學時，鉛筆是媽媽削的，書套是爸爸包的；上中學後忙得沒時間吃水果，媽媽剝好橘子塞到孩子嘴裡……總之，孩子的衣食住行都靠父母照顧，長大後，父母不在身旁，總覺得缺了點什麼。很多人不是缺愛，而是缺照顧；不是缺伴侶，而是缺監護人。我們習慣了被愛，而兒時父母的愛大多都體現在照顧上。所以，**大多數的戀愛和婚姻，與其說是靠愛維繫，不如說是靠照顧來續命**。

很多女孩、男孩說起另一半的好，似乎也只有照顧這一個層面，翻翻朋友群組秀恩愛的事蹟，幾乎都是跨越千山萬水送吃送喝。能拿得出手的感人事情都像父母所為，洗衣做飯，餵藥送傘，兩個人互相感動，一拍即合認定這就是愛情，可是除了把彼此的衣食起居照顧妥當，這樣的愛情還有沒有能昇華的地方？是不是真的能理解和體諒對方？是不是尊重各自的人生目標？是不是有高度的共鳴和默契？如果只停留在做彼此的保姆，搭伙過日子的階段，說愛情

這兩個字還太早。

照顧是一種愛的方式，但它無法徹底取代愛的本義。在家庭中，家長往往專斷獨行，孩子只能聽話，哪怕是年過半百的成年人，也始終被家長壓制。

時間長了，這變成一種社會的集體無意識，在這種集體無意識裡，每個人都是未成年，渴望照顧，渴望關注，而照顧和關注就應該從他人身上獲得，每個人都需要一個「家長」。所以，從某種程度上來講，大部分人的心理成熟度都很低，低到配不上擁有愛情。人們所謂的找伴侶，本質上可以說是男人在找媽，女人在找爸。

當一個人心理成熟程度還不高、獨立性弱的時候，就會把被照顧的需求放在被愛的需求之上，而給予愛的那一方為了滿足其需求，也會不自覺地被引導到這種模式之中，用照顧來代替愛。於是這便形成一個巨嬰和一個老母親（老父親）之間的彼此依賴，或者說一個當爸當媽，一個心安理得地接受，這不是愛情，是虐戀。

享受照顧的代價是「允許被控制」

你當然可以說，彼此照顧能維繫關係就可以，何必那麼較真？之所以說是虐戀，是因為在只用照顧來表達愛的婚戀關係中，有一個繞不開的元素，那就是控制。多個人照顧自己是好事，但也別忘了，親生父母的照顧也不是無條件的，照顧是表象，控制是本質。這不是說父母照顧子女的目的就是控制，但這種被控制的感覺是每個不得不依賴家長的孩子多少都體會過。

正因為沒有足夠的成熟和獨立，所以孩子在接受父母照顧的同時也要接受父母的管教，接受他們制定的規矩。孩子也會因此產生一種補償心理：父母這麼用心地照顧我，我自然要聽話，要順從他們。這種被照顧約等於被控制的畸形關係，也會在婚戀中重演，只有照顧而沒有其他，或者說以照顧為主、其他次之的「愛情」中，接受對方照顧的個體其實也在無形中允許了自己被控制。

我們常聽到有人情緒勒索：「我為你付出了這麼多，我這麼照顧你，你為什麼還不聽我的？」這句話暗示著一種可能，一個人像個孩子般接受對方無微不至的照料時，也在允許對方像家長似的控制他的生活。又或者，一方是主動接受控制，在他看到對方全身心照料自己時，心甘情願被擄走自我和自由，他在交換，在回報。但像家長一樣照顧、控制著另一半的人也活得很辛苦，他們看似樂於奉獻和付出，看似包容和強大，但實際上，他們是在用奉獻和包容來逃避自我照顧和自我成長。一個人的時間和精力皆有限，過分投入照顧另一半的事業當中，很容易荒廢了對自己的滋養。所以，這種虐戀讓雙方都失去了自我，但之所以還能繼續，是因為雙方都在這段關係當中滿足了某種需求。「巨嬰」得到了關注和照顧，「家長」得到了所謂的成就感。

親密而獨立，愛情才完整

照顧式的愛情注定是空洞、膚淺的，只停留在生活照顧層面，很難深入彼此的內心，缺乏真正的聯結，關係便很容易鬆動。如果巨嬰長大了，就會想要擺脫家長密不透風的照顧；如果家長疲憊了，就會想要逃避巨嬰的無度索求。不打破這種虐戀，不但關係不能長久，對於個體來說，這也是精神內耗。

照顧和關懷當然必要，但只能是愛情的一個支流。相愛不在於把彼此照顧得有多好，而在於能不能在把自己照顧好的基礎上，能更深層地關照和影響彼此的精神和人格。

真正的愛情一定發生在兩個獨立、成熟的個體之間，既互相依賴，也有各自的空間。簡單地說，別為了找個伴過日子而互相照顧，要在情感上有聯結，在關係上有依戀，在精神上有共鳴，在生活上有關心，這才是完整的愛情。

31 尊重真我的內心需求

你想過自己可能會「孤獨終老」嗎？

你曾想過自己可能會孤獨終老嗎？雖然以前也插科打諢自嘲過，可是當我有一天在飯桌上認真提問，朋友也認真回答之後，我覺得這個話題真的值得思索。

他的回答是：「可能。」

是啊，快三十歲的年紀，相扶到老的那個人還沒有出現，未來會不會出現也仍然是個未知數，按照機率來推測，真的有可能孤獨終老。

當發現身邊大多數人陸續都開始談婚論嫁，有的甚至已經生了第二胎，我們也對自己的婚戀感到著急。跟未婚甚至單身的朋友們相聚，我總覺得大家頭上都籠罩著一層烏雲。這層烏雲是一種群體性的焦慮，隨時可能凝結成淚雨，從每個人的眼中流淌出來。有些人等不及了，面對三十歲的關口，信誓旦旦地說一年內一定要結婚，壯志未酬誓不休。

我的一個朋友便是這樣，跌跌撞撞多年的戀愛無疾而終、頂著來自各方的壓力，終於在相親大軍裡廝殺出一條血路，遇到了一個「可以結婚」的男人。痛飲慶功酒時，她一臉苦相地說，男朋友無非是個能搭伙過日子的人，各方面條件都很一般，談不上喜歡，只是不討厭，兩個人也沒什麼可以深入交流的話題，只是相處下來覺得對方很老實，歲數也都不小了，就當互幫互助解決難題吧。用她的話說，湊合著過。

我語塞，不知道該恭喜還是沉默。心裡有個聲音在問：妳這麼努力成為更好的自己，就是為了找個人將就過一生嗎？

將就在一起，容易後悔

從小爸媽教育你四維八德、尊老愛幼；青春期時你的自我意識萌發，別人早戀、逃課，你仍勤奮讀書；到了大學你年年拿獎學金，積極參加社團活動；步入社會後你也從未止步，別人早就慶幸不用再讀書了，可是你仍然熱愛吸收知識、不斷提升自己，你學做飯、跳健身操、學化妝，研究電影、話劇，熱愛旅行，你從沒放棄過成為更好的自己，堅持創造美好的生活。

你對生活的要求從來沒有降低過，可是在婚姻大事面前，你低了頭。選擇一個不愛的人攜手一生，午夜夢迴你真的甘心嗎？雖然我並不認為你那麼努力就是為了找到更好的伴侶，可是那麼優秀的你難道不值得更好的人、更好的生活嗎？

這個更好不一定要量化，不能用對方賺多少錢、住多大的房子、長相幾分等條件來衡量。至少在某個方面你們能有共鳴，能夠在同一個層次對話和交流。

你熱愛小劇場，對方覺得話劇可以等同為雙人走唱；你想跟他（她）在事業上一起進步，對方認為工作就是個賺錢的途徑，談什麼自我價值實現？我想像不到你們怎樣一起生活，雖然在同一屋簷下，但是人生的方向不同。

我不是嘲諷對方有多麼差勁，吹捧你有多麼出類拔萃、高不可攀。只是，各個方面都存在差異，也許會讓你的婚姻連湊合都難。當準備與這個人相伴一生的時候，你是否想過除了婚姻這層法律關係，你們還能滿足彼此什麼樣的需求？**任何一種關係的本質都是滿足彼此的需求，互相滿足才能連結成一條緊密的繩**。如果有一天不能在婚姻關係裡滿足與被滿足，這條繩就會斷掉。

好的婚姻，容忍不了混搭

也許你會說你沒什麼需求，只是因為愛情。可愛情本身也是一種需求，你愛他（她）、他

（她）愛你，彼此填補情感需求的空白。如果連愛的需求也沒有，你這麼急著走進婚姻，僅僅是因為社會、家庭和內心的壓力嗎？

你可以暫時壓抑內心的真實需求，接受延遲滿足，但你是否能堅持這樣走完一生？當然，我也並不認為對方應該滿足你的一切需求。也許你要求了物質上的富足，就不得不在精神上的滿足方面有適當的妥協；也許你要求高顏值，那在忠誠度和安全感上就應該適度退讓……可無論怎麼樣，你們一定都需要一種齒輪緊咬的契合度。

在我看來，無法溝通的婚姻只會帶來自我貶損和挫敗感。如果只有柴米油鹽醬醋茶的生活瑣事，沒有精神上同一頻率的交流，你們不過是一輩子的合法性伴侶或利益共同體罷了。我們這一生，遇到愛、遇到性都不稀罕，稀罕的是遇到了解。你的審美情趣也好，邏輯思維也罷，如果另一半都不能理解，即便日夜廝守，你也會覺得孤獨吧！

我的腦海裡有這樣一幅畫面：你在繪聲繪影地解說大衛．林區（David Lynch）的電影藝術，另一半在旁邊早已入眠打鼾；你精心準備燭光晚餐，另一半卻抱怨不如街角那家大碗滷肉飯。你所營造的所有美好和浪漫，在對方的眼裡平平無奇，甚至晦澀難懂。

這就是你要的婚姻生活嗎？人與人沒有高貴低賤之分，但如果你們不是同類，就無法入對方的眼。婚姻裡的混搭，和平一時，戰亂一世。

人生最怕草率的選擇

也許有人說曲高和寡、琴瑟和鳴難覓，有的女孩（男孩）太難取悅，那便是另一回事了。如果是有意願為了對方、為了自己、為了婚姻，努力達到跟對方同等的境界，自然是極好的。妳知道的，他可以學；妳要求的，他可以努力做到；妳不喜歡的，他可以改變。

可問題在於，他真的想為了妳變得更好嗎？妳想聊聊工作時，他專注玩手機遊戲；妳想商量旅行計畫時，他眼睛離不開電視直播球賽；妳想過年為父母添置家用時，他根本不知道家庭帳戶裡到底有多少存款。

不是妳太難滿足，是他沒從內心為妳考慮。

也許妳覺得這是人生方向的問題，不能強求每個人在各方面都能夠跟妳保持一致。那是不是還有人生的寬度可以補足？妳擅長廚藝他擅長維修、妳喜歡浪漫文學他鑽研歷史紀實，這也不失為一種美滿。只怕，他寧願安於現狀，人生單一得就剩一個座標軸上的點，而妳要的是立體、豐富多彩的生活狀態。

真心想對每一位努力成為更好的自己的人說，與湊合、將就的婚姻相比，自給自足、樂得其所的孤獨終老沒那麼可怕。你以為的那個最可怕的結果，也許比草率交付自己的一生要好得多。我不是鼓勵任何人不婚、單身，只是建議在做出婚姻的選擇前三思而後行，這個人真的是你想要的嗎？這個人真的適合你嗎？這段婚姻真的是你慎重做出的選擇嗎？

如果你選擇賭這一生，那我也為你祈禱，願你選擇的都會善待你。

第六章
真我重塑

32 跨越「未完成事件」
為什麼有些傷，你就是忘不掉？

收到兩封來信，故事不一樣，卻有相似的疑問：「為什麼有些傷痛已經過去那麼多年，還是忘不掉？」

第一個故事是影子講的。她的媽媽一直是個很強勢的人，從小到大她都不敢違逆媽媽，即便是這樣，她媽媽的情緒還會時不時爆發，最狠的一次是為了懲罰她放學晚到家，媽媽把她趕出門，從三樓拖到了一樓，那時的她只有十歲。

如今她跟媽媽的關係有了很大的改善，但每當媽媽生氣，她還是會感到害怕，好像一瞬間時光倒轉，又回到了十多年前的那個傍晚，她背著書包，被母親的怒意嚇得發抖，感覺隨時會被掃地出門。二十多歲的她已經不會被要求必須幾點到家了，但她的人生中卻好像永遠有個隨時會響鈴的鬧鐘，身上像永遠背著包袱，因為心裡還有一個十歲的嚇得發抖的小女孩。

另一個故事來自一個叫然然的朋友，她家庭幸福，事業上獨當一面，處理任何事情都不卑不亢，好像沒有軟肋。但去年發生的一件事把她打回原形。她在國中同學群組裡聊起出差，剛好有一個在那個城市生活的同學主動發起邀約；然然非但沒去，還封鎖了老同學。她說以為自己早忘了，十三歲的時候，她被以這個女生為首的小團體排擠，那是她最不愉快的三年。這麼多年過去了，她早遠離了這幾個人，有了新的生活，沒有人欺負她，也沒有人看低她。但這次被邀請，讓她又回憶起那段原本不願提及的經歷，所以她憤怒、她厭惡，她甚至還有點擔心，見面時會不會手足無措甚至語無倫次，她可能還會像十三歲時一樣被捉弄了，仍然只會逃避。

未被處理的情緒，會永遠存在

可能你也被家人兇過或者被夥伴排擠過，又或許你沒有，但生活中或許總有那麼一個人、一件事，他們的存在就是一種提醒，提醒你曾經受過的傷，提醒你曾經的無助、難過，而你無論走到哪裡，好像都無法釋懷。即便你已經長大成人，已經足夠堅強，處理過比這更大的傷痛，但只要面對這個人、這件事，你就即刻亂了陣腳。

這種回憶起過去就深受其擾的情況，源於你當時沒有做即時化的處理。事情過去了，但傷痛還在，因為你沒有很好地表達自己的情緒，之後也沒有消化，就讓它凝結在那裡，成了繞不過去的一個心結。

人每天都要面對大量的情緒，有的一閃而過，有的會困擾一陣子，而有的可能會伴隨一生。那些一閃而過的情緒可能因為無關痛癢，隨即被其他情緒代替；困擾一陣子的情緒可能需要多一些傾訴和表達，或者透過自我消化，也會慢慢淡化直至消失；但那些可能會伴隨一生，時不時會跳出來擾動當下的情緒，皆因那時的壓抑或者逃避而讓它找到了空隙，停留在記憶的角落。它像心房角落裡的一把刀，偶爾不小心觸碰，就扎得人發疼。

影子和然然便是最好的例子。或許因為當時年幼，力量弱小，不敢表達，才把這些記憶埋在心裡。影子沒有表達的是傷心和害怕，然然沒有表達的是憤怒和厭惡。在那個時候，她們可能藉由轉移注意力的方式主動減少了負面的情緒體驗；或者什麼都沒有做，不去處理，繼續自己的生活。

蠢蠢欲動的未竟事務

心理學中有一個很有趣的詞叫「未竟事務」（unfinished business），未滿足的需要、未表達的情緒，都會在以後透過其他的形式來向個體索取，而個體要不就是努力填滿這個空缺，要不就是在他處補償。

未完成的永遠在騷動。有過類似遭遇的人，可能還會因為自己的弱小而自卑，努力讓自己變得強大，強大到可以不再被人粗暴對待、自己的力量足夠抵抗排擠和壓力。這個部分的自我的確成長了，這是一種昇華和自我精進。但自我的內在核心中仍有一部分未被修復，這是因為個體不願再回憶傷痛，選擇把它隱藏起來，然而隱藏不代表它不存在。當情境再現，個體不得不去面對那個弱小的自己時，會發現，這麼多年來只是精心地在鍛造自己強悍的部分，卻一直不敢直面脆弱的那一部分。

當你意識到這個問題時，現在處理還來得及，別讓它伴隨一生，因為不知道還會被它嚇到多少次。現在就讓刀劍入鞘，保管好它，你依然能找回你的安全感。

就像影子，她知道媽媽不是不愛她，她們現在的關係也很好，那次傷害也是媽媽無心的。雖然她說的是客觀事實，但這樣的說法更多是為了減少自己的內心衝突，合理化對方對你的傷害，因為只有當你認為對方帶來的傷害是必然的、合理的，才會在一定程度上減輕內心的痛苦。正如很多人安慰其他人時說的話：「他就是那樣的人，你不要跟他計較」、「她不是故意的，你不要放在心上」，甚至你也在內心這樣說服自己。但這種合理化傷害的說法只對處理情緒有暫時的幫助，對於多年無法釋懷的傷害而言，它只會讓你更加困惑：「為什麼明明理性上已經接受了這種傷害，也原諒了對方，這種痛苦還是忘不掉？」因為所有合理化傷口的藉口，都是在讓你逃避真實的問題和傷害，逃避永遠不能真正解決問題。

坦然承認對方確實傷害到你了，才有可能讓你從內心直面問題，有勇氣去解決它。處理過去的傷痛的第一步就是不迴避，承認你的確在當時受到了傷害，不必為傷害你的人找任何理由和藉口。

讓停住的情緒流動

我們沒有時光機，無法穿越到你受到傷害的那一天。但你可以透過回憶的方式讓情景再現，雖然讓你再次暴露在不美好的環境下是殘忍的，但這是唯一修復傷口的機會。你可以回憶當時的情境，再次體會當時的感受，當你想起那些傷人的話、那些粗暴的對待時，你的感受是忿懣、無助還是失望……即便是負面情緒，它也仍然有積極的意義，因為每一種情緒背後都反映了你當時內心的感受，找到它才能準確表達它。

若有機會，跟當事人傾訴是最好的。如果你們現在仍然保持聯繫，不妨把當年留在你心底的感受說出來。如果你能確認你們現在的關係是健康的、支持性的，那麼你有可能聽到對方的歉意，這是一種安慰和修復。

即便不方便跟對方表達，也仍然可以將情緒抒發出來。在那時那刻你最想說的話、你最想做的回應，可以像為自己講故事一樣表達出來。試著想像對方就在你面前，你表達憤怒、傷心，大哭一場，甚至是指責都可以。這是修復傷口前必經的一個步驟——宣洩。

如果你有值得信賴的愛人、朋友，也可以向他們傾訴；傾訴的終點就是表達未完成表達的情緒，讓情緒不再凝結在那時那刻，讓它得以宣洩和消化。

確認你現在的力量

表達情緒不是目的，而是一種途徑。如果現在的你沒有成長，那麼所有情緒的宣洩或者憤怒的表達不過都是暫時的虛張聲勢。只有力量提升到可以確認現在的你，能應付曾經的傷害或者能避免傷害，才是有效的方式。當你在記憶中再跟當時那個無助的孩子相遇時，請記得告訴他，他已經成為一個有力量、強大的人，他能處理好現在的問題和麻煩，而弱小和傷害只屬於過去。

這種確認不僅僅是一次穿越式的對話，當再次遭遇讓你無助、慌張的事情時，不妨想想在經歷了傷害之後，這些年你有哪些成長和進步，你解決過多少問題，熬過了多少困難，平息了多少爭端，撫平過多少創傷。這些都是你有能力保護自己的資本，再次確認自己的力量是讓你能自信和坦然地面對過去的根本。

我們都經歷過無心或有意的傷害，那些忘不掉的傷害其實也無須忘記，它是成長的一部分。我們該做的是把當時的心結解開，解除「未竟事務」的魔咒，把傷害轉化為認識自己的一種方式，讓它成為成長的一次契機。因為真正強大的人並不是沒有受過傷害，而是受過傷，也能面對它、征服它，穿過那些風雨，重獲光明身。

33 告別童年創傷

童年很不愉快，如何讓自己好起來？

某個剛上班的女孩，因為總是無法建立穩定的戀愛關係來向我求助。她經常感到壓抑和焦慮，情緒不穩定，在親密關係中經常感到不安，分手後感覺不捨，迷迷糊糊投入下一段戀愛中，又會糾結想跟前任復合。工作和生活狀態也複製了這樣的模式。她的自我評價也很低，遇到問題都會習慣性自責，即便對跟自己沒有關係的事情也會感到內疚，把問題都攬到自己身上。她深感困惑，也覺察到自己的問題跟原生家庭有關，所以有時候會怨恨父母。但自己狀態好的時候又會覺得，這並不是家庭和父母的問題。

問起童年經歷，她的確成長在一個變故頻繁的家庭環境中。父親脾氣不好，經常跟母親吵架，連帶著也會影響到自己。有時候父親會把無名火發洩到她身上，有時候對她又是無限溺愛。母親因為跟父親的關係不好，情緒一直低落，有時候會在她面前落淚、抱怨甚至出手打過她。父母要務農，特別忙的時候會把她送到親戚家生活一段時間，於是，整個童年，她一邊承受著原生家庭中父母的暴力對待，另一邊又因時常寄人籬下而缺乏安全感。一個無處安放的動盪童年，她就這樣一直背負著，直到成年都無法釋懷。她眼神看向別處，聲音有點抖，怯懦地問我：「我的問題是不是跟原生家庭有關？」

如夢魘般的PTSD

她的狀況，怎麼會跟如此惡劣的成長環境沒有關係呢？她曾經遭受的那一切都讓她缺失安全感、情緒波動大、處理不好現在的人際關係、罪惡感重甚至絕望，這都是童年創傷未得到療癒，在成年後的表現。依照這個女孩的描述，她有可能是創傷後壓力症候群（posttraumatic stress disorder，PTSD）。在童年遭受過精神方面的創傷，導致成年後延遲出現的一些心理問題。她絕不是個例。雖然普遍來講，PTSD一般發生在重大的創傷事件之後，例如地震、火災、車禍、親友死亡等。但兒童在尚未成熟、沒有自己的認知體系和豐富的情感體驗之時，來自家庭的各種負面經歷也往往會構成嚴重的心理創傷。很多人即便到了耄耋之年，也未必能躲得過PTSD對自己的破壞性影響。

童年創傷是一種近乎毀滅性的、難以治癒的創傷。童年創傷一旦被觸碰，就像開了閘門的洪水，它夾帶著憤怒、羞恥、怨恨、疼痛等很多負面的感受，衝擊心房；也像猛獸，如果不被馴服，就會吞噬人生。這並非危言聳聽，在我十四年的心理諮商工作中，超過百分之八十的來訪者，其問題都與原生家庭有關，即便有的事情不如前文案例中的那般殘酷，但有些小的挫折沒有處理好，也會給成年之後個體的自我成長帶來阻礙。像父母離異、長期與父母分離、父母吵架、父母教育方式上的分歧等等，都可能是今後人生出現問題的伏筆。當然，也不乏能夠自癒，或者能在成長過程處理好創傷的厲害角色，但是如果你沒那麼走運，經歷過不太愉快的童年，現在又無法忘懷，那麼，這可能是你面對自身問題的一次契機。

雖然童年創傷很難被治癒，但並不代表長大後的我們對此無能為力，就算不進行心理諮商，你也可以了解一些能夠幫自己走出童年陰霾的方法。

為什麼舊創傷會甦醒？

就像前文提到的女孩一樣，她最大的疑問是為什麼明明已經過去的事，多年後仍然無法釋懷。家庭是我們成長的第一站，是我們接觸世界的第一印象。那時的我們還年幼，對大多數資訊都是被動接受，我們還沒有成熟的三觀，也難以分辨和判斷是非對錯，兒時的我們對發生的一切並不能完全相信。雖然，現在你已長大成人，能夠試著回溯過往去分析和解釋早年的經歷，但當時那些負面事件帶來的衝擊仍無法抹去。

那個小小的稚嫩心靈尚未具備理解事件的能力，即便是再早熟的孩子，也不過處於似懂非懂的狀態。但是你能感受到最直接的、最客觀的東西，那可能是父母對你的暴力、冷漠、忽視，也可能是他們的爭執、分裂。很遺憾，即便現在的你能自圓其說解釋過去的經歷，但是你不得不承認，當時你的認知需要依附於父母這樣的成年人。所以，不必去糾結為什麼這些事會給你帶來難以想像的衝擊和創傷。在那時那刻，你只是個孩子，你還難以用理性去理解和勸慰自己。

記住，錯不在你

在你還未發育成熟到能正確理解事件時，只是因為不小心打破了一個水杯，父母就指責你「沒用」；只因為作業比規定的時間晚了十分鐘完成，就遭受了皮肉之苦。

面對這些情況，你也許曾經會問：「到底發生了什麼？」我們會自責：「一定是我不乖，我不好，他們才這樣對我。」我們會懷疑：「是不是爸爸媽媽不喜歡我，我還應該喜歡他們嗎？」你還會羞愧：「為什麼別人的孩子沒有被打？」內心的種種對話，可能曾在你的腦海中不停地循環播放。如果一次又一次遭受這樣的對待，就會漸漸形成「這一切都是我不好，都是我造成的」，或者「我不值得他們喜歡」的深刻感受。這些感受可能從未從你嘴裡說出，但在你的潛意識裡，你已經把自己判定為這一切問題和煩惱的始作俑者，你像個罪人，長大後不敢愛人、不敢信任別人，總是在遇到問題時第一個道歉，儘管那並不怪你。

如今，你可能還在內心深處不斷強化著這種歸因方式。你羞於承認都是父母的問題，好像這樣說就顯得不孝；你試圖合理化父母的種種行為，因為他們是你的親生父母，給予你生的機會；你害怕承認這一切是他們的錯，因為在你的內心深處，有一個完美無瑕的、神聖的、時刻正確的慈父仁母形象。可惜，這一切只是你的想像。他們也許未必有你想像的那麼好，你心裡的父母形象，只是你自己內心投射出的客體（父母）形象。因為倫理道德所帶來的壓力，你想要在內心保護他們，不肯承認父母的錯誤。可是今天我想說的是，這一切並不是你的錯，這一切並不怪你。你不是惡魔，你的父母也並不如你想像中的那般永遠正確，請敢於承認，他們確實對你造成了傷害，而有些傷害是無法被原諒的。

嘗試表達

很多創傷性的體驗深刻影響著我們的生活，還有可能越演越烈，大多是因為沒有及時整理創傷帶來的負面情緒。一個人在兒童時期被打罵、被忽視，甚至目睹父母大打出手，這些記憶可能會時不時地出現，在成年後的某個時刻再次被回憶起來，而每一次回憶依然痛徹心腑，難以釋懷。記憶閃回正是ＰＴＳＤ的表現之一。

如果在經歷創傷之後，這些情緒未被表達，就會牽動著那時的負面經歷，會不由控制地頻繁出現。累積到一定程度，這些情緒就會試圖找到其他的出口釋放出來，而且往往不是合適的時機。回憶一下，你是否有這樣的經歷？女友不讓你看球賽，你就大發雷霆；開車時別人沒給你變換車道的機會，你就破口大罵；孩子考試沒考好，你就怒不可遏，甚至想要拳打腳踢……你其實是想對誰發脾氣？你到底是想給誰臉色看？你到底是想向誰證明你比他強大？

這些看似無名之火或者原本沒必要的怒氣，都是來自於哪裡呢？冷靜下來後你也覺得不至於，卻不懂為什麼會如此這般？其實追根溯源，這些忽然而至又難以自控的強烈情緒源頭，正好就是你童年經受創傷後那些未曾表達過的感受，它們經年累月地持續增長，偶爾爆發嚇你一跳。如果可以找到你信任的人，在心平氣和時，傾訴你童年的創傷經歷，能在成年後把當年因膽小不敢表達的情緒全部講出來，將會是一種大有裨益的情緒疏導。當然，如果有條件，可以進行心理諮商，除了情緒的疏導，會更有利於創傷的療癒。

與創傷共生

前文也提到過，**兒童時期所遭受的創傷是最難治療的**，如果不接受專業的心理諮商，只依靠自我療癒，可能會是很艱難的一個過程。在這個過程中，最重要的因素有兩個，一個是正常化，另一個是與創傷共生。正常化即接納自己的現狀，不要因為出現不良情緒而苛責自己。就像感冒了會鼻塞、流鼻涕一樣，是很正常的反應；當你磕到了膝蓋，瘀青也是很正常的；當你的童年有不幸的事情發生，而且這些事情給你的生活帶來了負面影響，比如你一想起這些事情來就會情緒低落，這同樣是很正常的。

在憂鬱或焦慮時，不斷地對自己說「這很正常」、「這只是童年創傷後壓力障礙，總會過去的」。當你能夠接納這些正常反應，而不是每天用「我為什麼會這樣」、「我不應該這樣」來自我消耗，這就是極大的成長。即便是沒有經歷過創傷的人，也不可能一直處在積極的情緒中，情緒同樣會有波動，並經歷人生的低潮。人生本就不可能完美，即便我們無法徹底癒合傷口，也依然有其他選擇，我們還可以與創傷共生，帶著傷痛和障礙努力生活，這一點，會讓你和那些坐以待斃的人有所區別。

最後，送給所有經歷過創傷的人一段話，它也曾伴隨過我和我的創傷共生：「很長一段時間，我的生活看似馬上就要開始了，但是總有一些障礙阻擋。我以為有些事得先解決，有些工作還有待完成，還有一筆債務要去付清，然後生活才會重新開始。最後我終於明白，這些障礙正是我的生活。」

34 重建安全感

你之所以焦慮的真相

我們身處一個焦慮的時代，人人都有焦慮症，有的是無意識的焦慮，有的是顯而易見、抓耳撓腮的焦慮。不焦慮的人，出門都不好意思跟人打招呼，必須擺出一副好焦慮、很著急的樣子，似乎這樣才能順應時代的節奏。

以下所說的焦慮症和心理學中狹義的焦慮症不同，我想說的是一種集體無意識的恐慌導致的焦慮，而這種恐慌除了跟時代求快、求變的特徵有關，更主要來源於我們也被時代緊繃的弦，送至不快速運轉就要被淘汰的邊緣。

集體缺乏安全感

我們想要在最短的時間內快速解決所有問題，恨不得時間刻度精確到秒。從前慢，也只是從前。現在慢下來一分鐘，都怕自己被甩到所處群體的尾巴上。我們喜歡插隊，當黃線警戒線不存在；我們搶計程車；我們在變綠燈時加速衝過去；我們在機場大鬧值班櫃檯；我們在電話裡對著客服人員吼：「馬上給我搞定！馬上！」我們急急忙忙地旅遊，急急忙忙地拍照，急急忙忙地離去，如今的我們對任何事情都很不耐煩。許多企業口號都有「求快」的字眼，網路時代裡「快魚吃慢魚」的理念，都快要融入每個人的血液裡了。

這時常讓我覺得可怕，在大家都焦慮、急躁時，追求速度是不是讓我們得到了想要的結果？可我看到的，更多是因為追求速度、強調結果而釀成了禍端。還不了解對方的底細就閃婚；還沒了解公司業務就跳槽；趕在促銷活動結束前的一分鐘衝動下單。於是，妳嫁了一個不求上進，偶爾還會家暴的懶鬼；他發現新公司的業務隨時都有擱淺的危險；她的冰箱裡堆滿了根本不需要的食物，只等過期後丟掉。媒體報導、宣揚的各個成功案例都逃不開「快速」這個關鍵詞，我牢記在心的一句話也是「出名要趁早」。可心裡煩躁的是，同樣是一個鼻子兩隻眼睛，為什麼人家這麼快就弄好了我未來十年，甚至一輩子的目標？

這些表現和心理狀態，都是因為我們被這些眼花撩亂的資訊誤導，相信一切都很容易，別人能做到的自己也能做到，甚至還可以更快更好。**焦躁不安的背後，大多是缺乏安全感**。

如果不如我們期待的那樣完成目標，我們就會焦慮。追根溯源，這份焦慮源自於內心缺少安全感，需要實現目標來填補缺口。抱持著這樣的不足，我們常會經歷以下心路歷程：需要安全感→渴望成功和認同→拚命努力快速完成任務→期待又快又好的結果，如此才能帶給內心安全感。那些好勝的人大多數都有過無數次的嘗試，而一旦自己不能完成目標，就極有可能透過損害他人來獲得力量感，填補內心的安全感，這是缺乏安全感所帶來的可能隱患。但也正因為我們有缺少的東西，才會產生前進的動力，我們會積極爭取，拚命加快速度。但這種求快的目標就像渴求羅馬能一天建成一樣不切實際。

快慢由我

我雖然不是完全認同一切都要慢下來，但我想如果「慢」是自己的步調，那麼慢下來也未嘗不可。我們之所以如此焦慮和慌張，正是因為沒有找到適合自己的節奏，卻常常忽略自身特點，一味向他人看齊，標準就是越快越好。關於什麼是找對自己的節奏，中國記者白岩松有一段關於踢球的描述很貼切。我們看那些非常好的球隊在踢球時，有時快得像一道閃電，在中場倒掛金鉤時又非常慢，那是隊員們在等待時機。

一支好的球隊，它的節奏就是一會兒快一會兒慢，保持著自己的節奏並使對方只能一直跟著它的節奏走，這樣對方就會亂了陣腳。我們經常聽到解說員說「一定要打出自己的節奏」，這話是很對的，一定要把主動權掌握在自己手裡。

我們在生活當中也是這樣。你有時需要放慢自己的節奏，甚至停下來，這實際上是在韜光養晦，整裝待發；而有時候也需要快速行動起來製造先機。快慢本是相對的，如果一直加速前進而不停歇，但凡「快」也不能稱之為「快」了。

在歷經近兩個月的快節奏生活之後，我終於在一個週末得閒出去走一走。傍晚的鼓樓東大街，雨後的街道乾淨又清新，路上的攤販聊天等待著客人光顧，還有那隻我每次去都會逗弄的鬆獅犬，也依然憨直地看著人來人往。我不再覺得這是個會有多少人趨之若鶩的城市，也不是人人為證明自己的價值而不得不血腥廝殺的戰場。這裡只是一條隱匿在高堂廣廈之間的街道，保留著城市最後一點從容和安寧。

而這一刻我的感覺，也不是平日裡快生活中斬獲的零星成就感所能取代的體會。就像小火熬湯，慢慢燉才能入味；火燒得太快太旺，只會熬乾了食材湯料，留不下美味。

35 擊碎反事實思考

後悔也無法改變事實

熬夜後第二天萎靡不振時，我就會很後悔昨晚不應該任性地把那部電影看完；還後悔近期沒有養成好的作息習慣，越睡越晚；後悔這個小動作每天都在我們的生活出現。微不足道的事件可能轉頭就忘了，但依然有不可磨滅的印記不斷提醒自己，想起這一生後悔的事，梅花何止落了滿山？

有人後悔以前沒有好好讀書考上好大學；有人後悔沒有挽留心愛的人；有人後悔來到北上廣（編按：即北京、上海及廣州），居大不易；還有人後悔沒能盡孝的時候，親人已經撒手人寰……。

要有多灑脫，才敢說無悔？我們每個人都被後悔這種消極的情緒折磨過，它指向過去已經發生的事情，更讓人產生挫敗感，因為我們沒辦法讓時間倒流，那麼是不是就只能在後悔面前束手就擒，忍受它的衝擊？儘管我們沒辦法完全理性地看待後悔這件事，但如果能透過後悔情緒看到問題的本質，的確能讓我們漸漸接受它的存在，更豁達、更釋然。

與其後悔，不如思考如何減少發生的頻率

每當想起後悔的事，我們都會在腦海裡進行一種假設，在這個假設當中，我們認為如果當時沒做什麼或者做了什麼，就不會發生糟糕的事，或有更好的事發生。這種假設叫作「反事實思考」（counterfactual thinking，或稱「違實思考」）。當假設跟現實做比較時，反事實思考往往有壓倒性的優勢，因為它是我們虛構的美好結果，我們會對它信以為真，所以，我們才會後悔。

後悔，是比較後產生的情緒體驗，比較的對象除了現實與假設，也可能是自身的現狀與身邊的「反例」。比如，當你發現原來和自己成績差不多的同學考上了好學校，而你因為打電動沒考上，你會有更強烈的悔恨。但無論是跟什麼比較，對過往經歷的後悔，都在說明一件事——當下的生活讓你不滿，只是你無法改善現狀，又不想面對自己的無能，只好把它們轉嫁到過去的自己身上。

即使你當初沒有挽留心愛的人，如果你現在有了更好的歸宿，想起舊愛，也只會有淡

淡的遺憾；但如果現在的你形單影隻，怕是只會在懷念過去時，有滿滿的悔意湧上心頭。**所以，後悔這種情緒存在的積極意義就在於——提醒你重新審視自己的現狀**。

再仔細想想，後悔的確無用，因為我們改變不了過去。當我們自以為是地認為「如果我們當初怎麼樣，現在就能怎麼樣」的時候，我們其實是在自戀地誇大自己在整個事件中的作用。但實際上在你當初做出的那個決定當中，一定還包含著環境等其他因素，你並不是整件事的主導者。

那麼，你的後悔還有必要嗎？

即便你在當初做了一個現在以為正確的決定，結果也充滿了多種可能性：第一種可能是，並不會改變什麼，有人稱之為宿命的東西，會指引事情依舊朝著它該去的方向發展；第二種可能是，它反而會讓事情變得更糟，變得更不可控；第三種可能是你最希望的、也一直信以為真的那種結果——那個決定改變了你的人生，讓你現在能過想要的生活。

但只能說這是一種奢望。即便讓你後悔的事沒有發生，你在當初做出了正確決定，那也不過是你人生裡無數選擇中的一個，你逃脫了這次「錯誤」的決策和後悔的可能，還有下一個在等待著你。除非你永遠都能僥倖做出最正確選擇，否則，你就逃不過後悔的宿命。那麼，既然逃不過，不如想想怎麼做才能降低後悔發生的頻率。我這裡有兩顆後悔藥，讓你少一點後悔。

別讓後悔阻礙了行動

心理學家湯瑪斯・吉洛維奇（Thomas Gilovich）和維多利亞・梅德維克特（Victoria Husted Medvec）發現，人們在短期內會因為做過的事而後悔，比如後悔發脾氣或是後悔去參加了某個活動；但是從更長的時間來看，更讓人後悔的是沒有做過的事，比如沒有去哪裡旅行、沒有努力工作等。

真正讓你後悔的不是你當時做了什麼，而是你當時沒做什麼。沒做的事會變成未完成事件，一直在心中蠢蠢欲動，影響著你現在和未來的生活。**所以，做了的結果可能只是後悔一陣子，不做的結果更有可能後悔一輩子**。

第一顆後悔藥就是：想從後悔的情緒中得到解脫，就要大膽地去嘗試，而不是畏首畏尾，抗拒人生的更多可能性，畢竟一陣子和一輩子相比，還是暫時的後悔更容易讓人接受。

此外，正像上文提到的那樣，後悔不過是提醒你現在的生活不盡如人意，那麼不妨把腦海中「如果能重來」的假設暫時擱置，因為從現在開始改變現狀，才是你唯一的出路。

把注意力放在當下，而不是讓它們停留在過去，才能用期待的心情代替後悔，才不會一直固執於那些無法改變的事。這是我能送你的第二顆後悔藥。

有人說，人生就是怎麼選都會後悔，可無論你有多後悔也要繼續前行。我想那是因為，只有努力做好現在的事，才會讓未來的自己少一點後悔吧！

36 內向的優勢

我不是高冷，只是有點內向

「上週朋友幫我介紹了一個對象，見了兩次面，感覺不太好。」

「哪裡不好？」

「其他方面都還不錯，就是有點內向，不愛說話，好像很難相處，我不太想繼續聯絡了。」

在這兩個女孩的對話中，關於內向的說法讓我有所思考。

「因為他內向、不愛說話，所以他難相處」，這是那個女孩在內心認定的「合理」因果關係，這個結論最終導致女孩不願再與相親男見面。女孩的話隱藏著沒說白的一點嫌棄和遺憾，畢竟各方面都好，只有內向一個缺點。我在腦海中搜尋「內向」和「外向」這兩個常成對出現的詞彙，竟然發現，我的記憶中，有不少次被人一臉沮喪地提問：「我覺得自己很內向，怎麼辦？」但關於外向的苦惱，好像寥寥無幾。

這也讓我想起《內向心理學》（*The Introvert Advantage*）這本書，當時不覺得有什麼奇怪，現在想來，為什麼「內向者的優勢」這個主題會受到許多讀者歡迎呢？答案顯而易見。在我們的文化背景中，外向的優勢是社會公認的，因此無須過多關注。對於內向，人們總是會產生不好的聯想，比如「不會溝通」、「不好相處」、「孤僻」、「不合群」等等。所以當有一本書談論內向者的優勢時，大多數人都感到意外、好奇。希望這本書能解救內向者的困境，向世人證明，你看，內向者也有很多過人之處，內向也有內向的好啊！

單純因為內向或外向就判斷一個人的好壞，這個視角太過狹隘。畢竟，內向和外向只是性格傾向，即便是進行較量，天秤上也絕對不止一個砝碼。更何況，有些聯想未必都是準確的，其中可能充斥著對內向者的誤解。內向跟外向性格的人都可能「不會溝通」、「不好相處」、「孤僻」、「不合群」。那些對內向者的不良揣測，也許僅是因為他們並不那麼愛表達自己。

區別真性內向和假性內向

什麼是內向？心理學家漢斯·艾森克（Hans J. Eysenck）描述了典型的內向性格：安靜、

離群、內省、喜歡獨處而不喜歡接觸人；保守，與人保持一定距離（除非摯友）。傾向於做事有計畫，瞻前顧後，不憑一時衝動；日常生活有規律、嚴謹；遵循倫理觀念，做事可靠；很少有進攻行為，多少有些悲觀。

根據這樣的定義，我們以往一刀切地把一類人稱作「內向者」也並不合理，因為內向也分為真性內向和假性內向。真性內向的人不主動和外界接觸，偶爾有被動接觸的情況，可能也只是應付一下，他們發自內心地不想和別人接觸，缺乏與人交往的興趣，而且沒有迫切想改變自己的意願。假性內向可以簡單理解為跟陌生人交流有一些障礙，他們會緊張、羞怯、語無倫次，但對於親近的和熟識的人則不會出現上述情況，他們渴望與別人接觸、交流，存在溝通問題主要是受心理因素影響，而且他們迫切想解決這個問題。

除此以外，還有很多可能「被偽裝」成內向的表現。比如，聚會上其他人聊的都是你不感興趣的話題，你自然就不太想說話和回應，這是因為話不投機；再比如，朋友跟你聊起股票投資，而你剛剛在理財上損失慘重，不想揭開傷疤，只能岔開話題或保持沉默，這是情緒所致。還有，就某事發生爭論時，有人據理力爭，有人緘默應對，這是因為要避免衝突。以上這些情況，都是暫時的沉默、不發表意見、不願意與別人產生更深入的接觸和交流的情況，也不叫內向，是每個人都會出現的，受情境影響較大的應對方式。

內向者及外向者的差異

那些真內向的人是具有天生的、難以改變的特質的群體，因為內向往往由基因決定。很可能在他們的原生家庭中，父母就有內向的特質。基因決定了內向者和外向者的生理差異，最重要的表現就是：內向者傾向於把注意力集中於自己本身，也習慣於從內在世界來獲取動力。而外向的人則相反，他們更樂於關注外部環境和他人，習慣於從自身以外的部分來汲取養分。外向者和內向者的精力來源於不同的地方。外向者需要透過社交來補充能量，而對於內向者來說，社交場合是耗損他們能量的場所。除了精力來源的不同，內向者跟外向者還存在著一些差異，包括：

❶ 精力恢復的方式

內向者精力消耗得較快，需要休息和獨處來恢復精力，從思想、觀念和情緒等內部世界中獲得精力；而外向者則精力消耗較慢，可以在與外部世界的互動中迅速恢復精力、獲得活力。相比之下，內向者比外向者需要更多的時間來恢復精力，而精力的消耗卻又比外向者更快。

❷ 偏愛的刺激強度

內向者有較高的內心活動水平，通常對刺激較為敏感，對外界刺激有較大的反應，因而常常要減少外界刺激，以降低不適感；而外向者則相反，他們對刺激不那麼敏感，較多的刺激才能「活化」他們，因而他們常會主動尋找更多外部刺激、追尋刺激體驗。

內向者在假期更喜歡安靜地讀書而非參加聚會，主要是因為對他們來說，跟一百本書相比，一百個人帶來的刺激過於強烈。外向者則更喜歡結識陌生人，不喜歡氣氛太冷清的場所。

❸ 對刺激的反應時間

內向者和外向者的血液流動路徑不同：內向者的血液路徑更為錯綜複雜，較多集中於內部。簡而言之，外向者思考的路徑較短，能夠快速做出較多反應，而內向者思考的路徑較長，往往需要較長時間才能做出回應。

常見的情況是，外向者能夠在聚會上頻繁切換話題，左右逢源，好像什麼都知道，內向者卻總是欲言又止。這是因為外向者習慣於邊說邊想（甚至先說後想），對他們來說對與錯不太重要，而內向者習慣於思考好後再說，更重視談話的品質。

❹ 對事物探索的深度與廣度

內向者喜歡對較少的事情做更深的了解，他們往往限制外部經驗的數量，但對每一個經驗都有較深刻的體驗。而外向者則喜歡了解更多的事物，卻都不怎麼深入探索，從外部世界了解的事物常常不會擴展其內在世界。

內向者喜歡深度，喜歡將要思考的問題限制為一個或兩個，對其進行深入的探討，否則就會感到壓力太大。而對於外向者來說，事物的廣度或者說多樣性，才是他們所愛，他們喜歡尋找刺激、豐富體驗，並隨時準備做下一件事。

內向者會在獲取資訊後再次思考它，希望有更多體悟。他們更能夠抵禦誘惑、耐得住寂寞，能將更多精力用於精神上的思索。與之相反，外向者必須從外部刺激中補充精力，不停地「趕場子」、不斷地尋求新異刺激，因為各種經歷多而深入的體會較少，所以他們對事物的探索往往只能淺嘗輒止。其實，我們無法單純地從內向和外向的優劣勢對比，來分出孰好孰壞。畢竟任何一種性格都沒有絕對的優勢或劣勢。

內向者不是不愛說話，只是沒遇到他們感興趣且能讓他們口若懸河的話題；內向者也不是羞怯或者懦弱，他們只是不會刻意為了交際而交際，他們喜歡開門見山，不喜歡不必要的閒聊和客套；內向者不是不合群，他們只是不需要那麼多朋友，幾個親近且可以持續交往的對於他們來說就夠了；內向者也不是一直需要獨處，他們只是減少了不必要的社交；他們不是缺乏溝通的能力，只不過他們不想把精力花在與別人的交流上，與口頭表達能力無關；他們更不是行為古怪或無趣，只是更喜歡透過內心世界來達成自我滿足，在自己的世界裡尋求獨特的樂趣。

「內向是不好的」本身就是一個荒唐的觀點，一個被主流價值觀挾持造成的巨大錯誤，因為當今社會往往過於吹捧那些八面玲瓏、擅長交際的人，以至於我們要對內向的性格扼腕嘆息，覺得內向者的人生有太多阻礙。你要知道，真正阻礙你的絕不是性格本身的不足，而是你**沒有關注到自己的優勢和長處，那才是制約人生格局的最大原因**。

內向者的社交法則

當你認為自己內向的時候，應該同時看到專注；當你認為自己敏感的時候，應該同時看到細膩；當你覺得自己猶豫的時候，應該同時看到謹慎，這些都是你的特質。這些特質或許可以使你握緊命運，獲得成功。

至於內向者如何社交，為了減少他人的誤解也好，增強自己的價值也罷，社交是內向者需要打破的一個瓶頸。

內向者比較適合相對簡單的社交環境，喧囂的場所並不適合他們，一群人的熱鬧不利於內向者敞開心扉。他們更適合在參與者更少且話題更為深入的場合社交。這樣可以減少外部干擾，也更有利於發揮內向者深度思考的優勢。別勉強改變自己，努力變成一個外向的人將徒勞無功，且會傷害自己。注重深度的社交會給內向者帶來更好的體驗，同時減少對自我的損耗。如果能在有限的時間、精力、能力內，與幾個志同道合的人成為知己，也將是會比有一堆泛泛之交更有裨益的事。

聚焦於自己感興趣的領域。如果覺得自己還沒有特別投緣的朋友，也不必像外向者一樣廣撒網，內向者更適合在自己感興趣的領域去尋找朋友，畢竟在這個領域匯聚的人有共同話題，性格上的差異也會縮小，更適合深度交往。

請相信，**內向並不是社交的障礙**。所謂的障礙，是指因內向而讓你慢慢遠離人群，表現出自己冷漠、不愛讓人接近的一面。

我很多年前去麗江旅遊時，旅館老闆養了兩隻鬆獅犬，不仔細看不會覺得這兩隻狗有多麼不同。住在旅館的幾天時間裡，我時常逗弄牠們，卻發現牠們的反應截然不同。毛色淺的那一隻叫「路路」，對投餵還有撫摸都反應熱烈，平時也很活潑、討喜。另一隻毛色略深的叫「七喜」，總是顯得很孤僻，對於來來往往的人總是表現出很害羞又淡漠的樣子。沒事喜歡走來走去，而不是像路路一樣跟旅館裡的人玩鬧。有人餵牠，牠也總是猶豫著觀察一會兒才肯靠近食物。大多數人都會喜歡跟自己更親暱的動物，所以旅館裡的人都愛跟路路玩，有時會忽略七喜的存在。七喜就像個孤獨的詩人，每踱一步都像在進行一次深邃的思索，而路路像一個交際花，有牠的地方一定熱鬧。

離開麗江的兩年後，我順口問起了路路和七喜。老闆磊哥告訴我，路路經常在旅館門敞開後跑出去玩，去年跟對面新開的旅館店狗打架，被弄傷了一隻眼。七喜沒什麼變化，依舊守著旅館的門口，安靜又從容地看著人來人往。牠總是對新入住的客人充滿警覺，只有那個時候牠才會叫上幾聲或跑到老闆面前，像是在傳話：「快去看看，有陌生人來了。」

我忽然遺憾在麗江時沒有太關注七喜，如果在我的日常生活中讓我選擇一個朋友，我想我會毫不猶豫地想擁有七喜那樣的同伴。儘管他們天性內斂，不會快速跟人建立聯結，但他們會安然接受自己的人生設定，不做不必要的改變，就那麼從容地、讓人安心地守候著他們的一方天地。七喜有牠的自在，願內斂的你也是。

37 「喪失」的意義

上一季的人都與你無關

雖然北京已經進入深秋，但還是能看見有人光著腿穿著短裙瑟縮在風中，不合時宜的裝扮總是讓美感大打折扣，就好像酷暑時節穿著高級訂製的羊絨大衣，美是美，但感覺傻傻的。季節更替，就應該早點整理衣櫥。

「上一季的衣服該收了」，我正這樣想時，收到一位朋友的消息：「我想讓我的前女友離婚，然後重新追求她，跟她在一起。」在大多數人都想著趕緊換上當季的衣服禦寒取暖時，我的朋友就像深秋裡依然穿著短裙的女孩，不顧現實變遷，執意挽留住上一季的人生狀態。或許對他而言，跟前任再續前緣這件事，也像打開衣櫥拿出上一季的衣服一樣，唾手可得。

可實際上，追回前任不但難度超高，也已經不合時宜。上一季的戀愛就應該交還給過去，上一季的人離開了，就跟你無關了。

我的這位朋友想必是人在蕭瑟的秋天，心卻停留在繁盛的夏天。他們的戀愛故事跟每一對情侶的經歷差不多：相識、相知、曖昧、戀愛、矛盾、爭執、分手。這段愛情故事的結局是，女方不肯留京而男方堅決不走，最後他們只能走向分手的終點。其實，雙方都已經盡了最大努力維繫這段關係，卻仍舊走不到最後，那麼能讓感情體面地結束，也不失為一種尊重。但現在，我的朋友在溫暖的房間裡又想起前任，想起曾經的點滴溫存，心底的愛意再次被喚醒。得知前任決定來北京扎根發展，他以為過去難倒他們的難題已解，抬起頭來好像前途一片光明，天都亮了似的。

我問他，前任來京跟他有什麼關係呢？他說：「這太明顯了，當初我們愛得死去活來，就因為異地才結束戀情，現在兩人身處同一座城市，這不是最強的復合訊號嗎？」

我還能說什麼呢？當他覺得可以重拾前緣時，會覺得一切風吹草動都是訊號，她發微信告訴他要來北京是訊號，她朋友圈偶然透露跟老公鬧彆扭是訊號，就連恰巧看到一部結局圓滿的愛情電影，他都覺得是訊號。

不甘，是因為未完成心願

當人們對一個憑空產生的想法信以為真的時候，說什麼都沒用，因為他會覺得宇宙的一切力量都在處心積慮發出邀請，讓他相信並應該義不容辭地去驗證這個想法。

這個感情空窗三年，又對前任充滿了內疚和懷戀的男人，實在難以忽略這個無比誘人的機會，它悄悄地溜了出來，滲透在他向我訴說的字裡行間，我猜手機那一頭的他一定是一副摩拳擦掌、志得意滿的樣子，滿眼都是希望和憧憬。

「為什麼還要把她拉回你的生活當中呢？為什麼要打破自己的生活節奏去追求刺激呢？」面對我的詢問，朋友說他自覺對不起前任，當初對她不夠好，說過的諾言沒兌現，現在感覺她過得並不好，都跟自己有關，所以他想嘗試重新開始，讓她走出陰霾、見見陽光。

說千道萬，各種荒唐的理由都在表達「只為她」。聽什麼都別忘記聽弦外之音，一個人沒說的話往往比他說了的更為重要。為了別人的福祉肯定是個更讓人為之動容的藉口，但背後湧現的是自己強烈的欲望。口口聲聲為了別人，其實不過是為了滿足自己的需求——為了不再失眠時想起過去而責怪自己不夠真心，為了不再因為現實阻礙未來而懷疑自己無能，為了不再回憶過去時只能沮喪嘆息，他決定強制把劇情拉回過去，試圖再出演一場永不完結的故事。

他需要的不是事實，而是這樣一個動人的故事而已。因為現實冰冷，前女友已經決定告別過去、嫁人，他再無彌補缺憾的機會，也再無改寫人生的權限，如果不釋懷就只能帶著這些過去踽踽獨行。但如果真有可能舊情復燃，老來兒孫在側時也多了一段佳話可講。他盤算來盤算去，決定再打開衣櫥，找尋上一季的衣衫。

我的朋友就是這樣在一個北京寒冷的秋夜，於千里之外，強取豪奪了他人的自由選擇。他是否知道，也許前任來京並不是為了他，只是為了跟現任有更好的築巢之地；告知他這個消息不過是因為舊日一場感情，也需一點禮貌和客套；她的人生已經重新開始，跟他毫無關係。那個於他而言心上的舊日傷口，今時今日也許已是前任身上一個不起眼的小疤痕。他從一廂情願的那一秒開始，就已輸得一敗塗地。這一切只因他沒有走出過去的影子，把自己未完成的心願強加在前任身上，無意識地強迫戀舊還心有不甘。

他的事，不關妳事

沉浸在過去，不甘心的不是只有他一人。我有一位瘋狂的女性朋友，已跟前任分手一年，還堅持不懈，每天期待他的朋友圈更新。她能把這一年來，跟前任互相關注的微博好友都了解得很清楚，甚至還透過聚會照片發現了前任跟哪位異性已進入曖昧狀態。

她跟我說，前男友因為腸胃不好最忌諱吃麻辣火鍋，這一個月裡他竟然去吃了兩次；他以前根本不知道好妹妹樂隊的成員都是男性，現在竟然跑去聽演唱會；他以前看不慣她相信星座運勢，現在竟然轉發了一條相關微博還評論「有道理」。她的言語背後充滿了不甘和疑問。為什麼跟她在一起時，他不肯為她改變，現在卻為了別人變成了另外一種樣子？為什麼他不曾把她的話放在心上，現在卻伏首貼耳，讚同別人相似的言論？

前任已經邁開大步去擁抱新的人生了，唯有你還在用過去的戀情苛責現在的自己。人都是在不斷改變、不斷前進、不斷修正自己，而不斷往前走又會遇見一個又一個男人或女人，總有些人會改變他，就像妳也曾為他留下過生命的痕跡。又或許這些改變跟某個人也沒有關係，就是時機到了，一不留神就悄然遇到了埋伏在命運中的轉折，沒有早一步也沒有晚一步。而無論他現在是喜是悲，無論他將來是成功還是落魄，都已經是他的事，是他和別人的事，至少不關妳的事。

我們的生命中就是有那麼一些人，他們只是在你人生中的一小段時光裡來了又去，並不跟你廝守一生。無論他們是誰，只要離開，就意味著已經成為上一季的人。**別讓生活的鏡頭總停留在與己無關的人身上，你出演的是你的人生**。

關注故人的你，請試想如果你生活在別人的暗中窺視之下，是否會覺得舒適自在；想重來一次的你，請考慮別人是否消受得起這份熱情。

最好的補償是「關注自己」

我有過相似的經歷，年少無知時傷害過他人的真心，雖然是無意所為，但仍然說服不了自己忘記過往，好多次都想主動聯繫他，講講當初我那麼倔強究竟是為了什麼，哪怕只是對他說句抱歉也好。我總覺得，我欠他一個交代。感謝命運讓我們再次相逢，我激動得像是找到了失散多年的親人，拉著他從頭到尾講了當年沒能說出口的話，還關切地問了他這些年的經歷。那種感覺真的太奇妙了，有不吐不快的興奮，有抒發情感後的釋放，有表達愧疚之後的輕鬆……對於我的滔滔不絕，他只是靦腆地笑著，有點窘迫，又有點尷尬，最後輕描淡寫地說：「其實，我真的不需要知道這些……妳也不用掛念我，妳好好過就好。」

就是這句話點醒了我，讓我意識到我從來就沒想過，他是不是想再見到我，是不是想聽我說點什麼，他是不是還在意那些過往。我只是一廂情願地希望能表達我未曾表達過的，不是為了他，而是為了自己能好過一點，是為了讓自己不再於午夜夢迴時，心像被揪住了一樣疼。那天之後的我終於明白，分手就意味著兩人已經和過去畫上一條界線，一邊是上一季糊塗又冷酷的我和執著又深情的他，另一邊是我的未來和他的未來。這條界線的那一邊就應該留在那裡，不管是上一季的自己還是別人，都沒有資格再來牽絆界線這一邊的未來。

夏天再長，終會轉涼，也許是時候做一些換季的準備了，與其想要緊緊抓住過去補償故人，不如花點時間關照好自己的人生，不打擾，已經是最大的溫柔。

38 終止自我攻擊

他不愛妳，可能就是他沒眼光

一位女性朋友失戀後發起聚會邀請，無論多忙，大家都沒缺席，說是聚會，明明就是「失戀原因研討會」。更沒想到的是，明明是討論朋友的失戀，我卻覺得最受益的是我。

對於她的失戀，大家的看法不太一樣：有人說緣分盡了，不必強求，這是把命運交給天意，有豁達也有無奈；有人說是因為雙方父母插手太多，戀愛缺乏健康生長的土壤，這是把兩個人的事歸咎到他人身上，雖有推諉嫌疑但也有現實考量；還有人說都怪對方不爭氣，不跟妳白頭到老是他沒眼光，這是讓對方承擔責任，有安慰也有惋惜；而我，又堅定不移地站在了「凡事都要先低頭檢討自己」的立場，分析了女方的確不恰當的做法，建議她先改變自己。

她失戀的原因其實很複雜，每個人都有每個人的道理，視角不一樣，自然會有不一樣的看法。但我還沒說完，朋友就打斷了我，雖然語氣溫和，但字字戳心：「不能把什麼事都往自己身上推，妳這個傾向太嚴重；妳都活得這麼累，就別要求一個剛失戀的人跟妳一樣了。」

這不是你的錯

聚會結束後我一直在思考朋友的話，也回想起這些年發生的很多事。她說得沒錯，我早就建立了一種條件反射，無論遇到什麼問題，都會努力找到我跟這個問題之間的關聯，有時甚至直接認為都是自己的錯。工作上業績平平，是我努力不夠；別人拒絕我的請求，是因為我能力不足；戀愛不順利，雖然也有對方的責任，但主要還是因為自己不夠賢慧，沒能滿足對方的期待。這樣的歸因方式其實是長久以來鞭策我的動力，因為總能從中發現自己的不足，再不斷去修正自己。

把問題攬到自己身上也是最簡單的方式，因為相較其他因素來說，自己是最可控的，不必花費心思去思考怎麼改變別人，搞定自己才能一勞永逸。

常思己過，的確讓我從中受益，但漸漸地，這種傾向成了一種壓倒性的思考方式，我不僅如此要求自己，也會如此期待他人，我常常忘了問自己：「是不是有些問題真的與我無關？是不是有的事情真的不是我的錯？」

像我這樣去思考問題的人很多，如果任由這種傾向發展，罪惡感會越來越重，到那時，常思己過就不是一種動力，而成了一種壓力了，遇到問題我們會越來越容易自責，越來越容易自卑，變得畏首畏尾，不敢去面對任何挫折和失敗。我想，我們在反思自己、改變自己的路上能不能偶爾歇歇腳，再多打開一點視野，看到那些我們本不該承擔的錯誤，本不屬於我們的過失。

或許我們都有過類似的經歷，莫名其妙地對別人發脾氣，那個人其實並沒有犯什麼錯誤；明明對方善意地關心自己，但恰好趕上自己心情很差，反而冷漠拒絕別人的善意；對方已經很努力地跟自己相處了，但我們還是會挑剔他的毛病。我們必須承認，在這些林林總總的瑣事裡，我們也總有處理得不盡如人意的時候。那麼當立場對調時，我們同樣有理由告訴自己，這些不是我的錯，不是我做得不好，把別人的問題留給別人，而不是時刻把本不該背負的責任也扛在肩上。

再回頭看那位女性朋友的失戀，以及很多無法繼續的關係，我們都不能自怨自艾。在一層一層剖析自己之後，承認整個事件裡也有一種可能，就是男方沒眼光、他對我的朋友存在誤會、他不足夠懂得她的好，也是一種解脫。

把問題還給別人

在遇到挫折和失敗時，明白自己在哪一方面有提升的空間是智慧，能客觀地看待別人的不足也是一種修煉。認得清自己，也不看低自己，不過分怨懟他人，也要弄清楚別人的問題，這才是真正的智慧。可能對於有些人來說，把誰的問題還給誰並不是一件難事，但是對於習慣苛責自己的人來說，這件事做起來很難，必須明白這其中的來龍去脈才有可能改變。

回想我自己身上發生的事，我找到了答案。雖然看起來先反思自己是個好習慣，但這個習慣裡包含著一種不易察覺的潛意識——自我中心傾向。有些人的自我中心傾向表現得比較具有攻擊性，是外顯型；他們做事時會以自己為出發點，不考慮別人的感受，做任何事情都是為自己服務。自我中心傾向也有表現內隱的時候，他們會把發生的事情都跟自己連在一起，把自己看成問題的罪魁禍首，而不考慮別人在整個過程中會產生的影響。

任何自我中心傾向都是一種對自我的過度迷戀，儘管我也一度不願承認，但是心裡始終還是會有一些信條：只要我努力，只要我變得更好，只要我改正了自己的問題，一切就都可以朝我想像中的方向發展。正因為這些信條，我才心甘情願把問題的原因都歸咎到自己身上，正因為這種自戀，我才願意背負錯誤，為的是有一天也能把所有的成就安心地掛在自己身上。

但久而久之，這種自我中心的歸因傾向會變得不再積極，因為問題太多了，可能前一個缺點還沒改正，後面的困擾就接踵而來。如果不改變這種傾向，人會變得越來越消極，最有可能發生的結局是無法接受自己。當積累了越來越多的「是我不夠好」的想法，就會用「我就是不夠好，所以才會一敗塗地」的錯覺，來替換自己的信仰——你就是不夠好，所以才會一敗塗地。

當然，把別人的問題還給他，並不是要你矯枉過正、推卸責任，而是叫你不能只顧著低頭審判自己，而忽略了抬頭看清問題到底是否與自己有關。

你也必須明白一件事——**你的確很重要，你的確能掌控很多事，但並非所有事情都因你而起，你無法掌控一切**。下雨的天氣、不懂欣賞你的上司、拂袖而去的男友，可能都不是你造成的，可千萬別錯以為自己是「蝴蝶效應」中的那隻蝴蝶。

39 提升情緒價值

能相愛多久？要看是否能提供「情緒價值」

在導致分手的五花八門原因裡，「我跟他在一起不快樂」的常見程度大概僅次於「我們不合適」。兩個人在一起快不快樂的確很重要，誰願意把戀愛談成折磨呢？排除現實阻礙，很多戀愛中的不快樂其實是人為的，是兩個人共同製造出來的，最直接的表現就是不會好好說話。

語言是最能影響情緒和氣氛的，哪怕你們在聊一件高興的事情，只要有一句話「出戲」，接下來的甜蜜對白就可能演變為激烈的爭吵。我最近剛剛談了戀愛的好姐妹，哪怕是在熱戀期，也頻繁地跟男友「鬥嘴」，男友為了陪伴她推掉了一次會議，她心裡感動，嘴上卻數落他不懂事；男友擔心她晚歸不安全，她很享受這份惦記，但回覆消息時又反問是不是在查勤。

原本是為了對方開心才做的事，卻因為她沒有適當地表達，最後讓對方誤會，讓自己陷入難堪。好姐妹反思並定義了她的問題：情緒價值低。

能否提供情緒價值，在關係中很重要

所謂「情緒價值」，指的是一個人影響他人情緒的能力，在相處中，是讓人感覺愉悅還是給人帶來煩惱，前者提供的是高情緒價值，後者提供的是低情緒價值。

了解情緒價值的重要性對於健康的戀愛來說，是一件值得學習和了解的事。「情緒價值」這個詞，聽起來有點功利，似乎是在把愛情裡的付出都斤斤計較地用價值來衡量，但從某種角度來說，也不失為一個不錯的方法。因為在任何人際關係裡都有人與人的情緒交換，關係也是在情緒交換中漸漸發生變化的。

一個可以時常讓你感到快樂的戀人，是在把積極、愉悅的情緒傳遞給你，你也更容易回饋積極的情緒，在良性的交換中，關係越來越親密；反之，一個總是讓你感到不悅和彆扭的戀人，是在把消極、負面情緒扔給你，你便更容易「以牙還牙」，惡性循環的結果是循環終止，關係破裂。比如，有這樣幾個場景：

❶ 你換了一個新髮型

A：這個髮型更適合你。

B：你怎麼忽然換髮型了？

❷ 你分享了一個好消息

A：真為你高興。

B：這有什麼好說的？

❸ 你遇到一件不開心的事

A：我想聽你說說。

B：這點小事，不至於吧。

每一個場景下的不同回答，都會導向不同的情緒，我相信絕大多數人都渴望得到選項A這樣的回覆，得到A便更容易反饋A，得到B也更容易回饋B。

看似微不足道的一句回答，經過長時間的累積，會變成一個巨大的情緒能量團，它會影響你對對方的評價，也會影響對方對這段關係的期望。而兩個人能否滿足對關係的期待，長久開心地在一起，就取決於能否為彼此提供情緒價值，通俗地說，就是能否用快樂感染對方。

如何提升情緒價值？

想提升情緒價值，讓對方感到快樂，要學會兩件事：一是學會從積極的角度解讀訊息；二是多提供積極訊息，從改變自己的認知模式開始。情緒價值的前提是愛和真誠。

通常情緒價值低的人也不是不懂得技巧，只是他們的關注焦點總是偏向消極，無論對方做對了多少件事，他們總是會關注做錯的那件事；他們不是不想誇獎對方，也不是拙於表達，而是他們在自己的語言體系裡建立了一種條件反射——先反饋消極訊息。這就是很多人的困擾，明明想表達善意，但讓人不悅的話一不留神就脫口而出，因為大腦「先人一步」，用習慣的方式自動加工了消極訊息。

如果此刻有一個好消息和一個壞消息同時呈現在你面前，假設它們對你的影響程度幾乎相當，你會更關注好消息還是壞消息？情緒價值低的人往往會更關注壞消息，這會直接導致他們陷入負面的情緒，自然無法傳遞給對方積極的感受。情緒價值低的人要做的是打破這種條件反射，有意識地去練習關注積極的訊息，覺察對方身上的優點。

可以記錄跟伴侶互動的過程中，可提供情緒價值的情境，接著嘗試只做類似前文選項A的回應，這種練習可能並不省事，甚至在一開始顯得有些刻意，但這種記錄和書寫是建立新的條件反射的有效方法，也是不斷強化關注積極訊息的過程。

這樣做不但能在這個過程中學會如何積極地回應對方，提供情緒價值，而且能漸漸獲得明朗而樂觀地看待世界的角度。當你變得更積極了，你自然能做到提供情緒價值的第二步——更傾向於提供積極的訊息。你會發現值得抱怨的事越來越少，而你想要分享的快樂越來越多。

不必擔心對方無動於衷，當你改變自己的認知方式之後，你便成了關係的主導者，在對方的身上會看到「畢馬龍效應」（Pygmalion effect）的發生：**你給予了更積極的期待和回應，你的伴侶也會更自信、更有動力去成為你期待的樣子**，你的情緒價值也會得到共鳴和回應，這就是良性循環的開始。

開心地在一起，是每對戀人的期盼，但很多人誤解了戀愛中的開心，它不是絕不發生爭執和絕不感到不悅，而是盡可能地用快樂感染彼此，讓快樂抵消或超越悲傷，提高戀愛品質。希望在戀愛中的你們，都能生長出創造快樂的能力。

40 用真我去愛

他沒有以前對妳好了？這才是真正戀愛的開始

女性朋友都有過這樣的疑問：他現在沒有追我的時候（熱戀的時候）對我好了，他是不是不愛我了？

姐妹淘會告訴妳：我家那位也是這樣，我也沒辦法。

雜牌情感專家會告訴妳：男人都是這樣的，得到就不珍惜了。

稍微高階一點的情感專家會告訴妳：他不是不愛妳了，只是換了一種方式。

擺在面前的選擇就兩種，要不分手，要不繼續堅持。但無論怎麼選，好像都很痛苦。妳無法確定他是不是愛妳，妳不知道怎麼改變這種現狀。而現實是，每段戀愛都會有這樣的階段。

我想告訴妳的是，如果妳覺得他現在沒有追妳的時候（熱戀的時候）對妳好，跟愛不愛沒有關係，這只能說明你們真正的戀愛關係終於開始了。

無論男女都容易產生一種錯覺，那種如膠似漆、激情四射的狀態才是戀愛應有的狀態，等到褪去激情的外衣，才發現赤裸裸的真相好無趣。尤其是女性，很容易在這時候產生失落感。妳會懷念他追求妳時對妳的百般呵護，妳會時常拿剛在一起時，他對妳的態度和現在做對比，妳多希望時間定格在過去的開心時刻，可是回不去了。火熱的曖昧階段和戀愛初期，只是真正建立關係的前奏，失落的妳卻誤以為這才是戀愛關係的本來面貌，自然會有不適和懷疑。

區別戀愛時的真我和假我狀態

你必須明白，雖然你們經歷的甜蜜和浪漫都不是假的，但那時候的你們自己卻是假的。可以說，處於戀愛初期的人，都不是自己真正的樣子，都沒有用真實的自我與對方接觸。在荷爾蒙分泌旺盛時，一切熱忱和關懷都會被放大，那個時候體貼的他和溫柔的妳，都處於一種在浪漫情境中催生出的「假我」狀態，或者只是部分的自我而已。

誰都知道追求階段和戀愛初期最重要的就是穩固關係，為了完成這個最重要的任務，你們勢必會投入更多，會表現得更完美。所以，儘管你們誰都不是故意在扮演一個「假我」迷惑對方，但潛意識激發了你的熱情。這就好像你剛進入一家公司工作，最賣力的時候一定是試用期，等到簽了正式合約，職場「老油條」會減少投入，甚至開始偷懶。這不能算是人性的劣根性，只是每個人都有那麼一點狡黠。

等到熱戀期一過，假我才退場。他對妳不再無微不至了，妳也不再那麼善解人意了，你們的「真我」或者說更全面的自我開始顯現，而這個時候真正的戀愛開始了。畢竟，兩個都在表演的人是很難建立真實的情感關係。這時候，你們要處理的第一個問題就是，如何適應這種雖然真實但不夠完美的戀愛狀態。不要以為只有女人才會在這時候失望，男人也會有這樣的猶疑：她好像不如之前可愛了，不如之前那樣能夠理解我了，開始變得斤斤計較了。

你們誰都沒做錯，只是當「真我」突然出現在彼此面前，兩個「真我」之間產生了不夠愉快的互動。畢竟你們對彼此的認知還停留在「假我」階段，還在用以往對方的表現來要求彼此。如果能早一點明白熱戀終會降溫，有這樣的心理準備，或許你們都能更寬容地看待彼此。但是，還會有人無法接受逐漸冷淡下來的關係，會覺得如果他對我沒有以前好，我就不想再繼續這段戀愛了。

這種心情可以理解，但這種想法非常荒謬，因為它完全是一種巨嬰的心態。只有在嬰幼兒時期，還沒有獨立生活能力的時候，你才有可能得到他人無微不至的關懷和照顧。長大後，你還期待會有一個人每天都像熱戀般地願意捨棄自己的人生，按照你想要的方式對你好，這種期望本身就非常幼稚，且不切實際，它說明你的婚姻及戀愛觀並不成熟。**伴侶之間的關懷和照顧**

有一個前提，就是要把自己照顧好，才可能擁有健康的戀愛關係。那些奢望熱戀期後對方還能讓妳茶來伸手、飯來張口的女孩，妳要找的可能不是一個男朋友或丈夫，而是嬰兒階段時的父親或母親。

先處理好自己，才有餘力關心對方

雖然有很多所謂的情感專家會教妳如何搞定一個男人，如何讓男人像熱戀時那樣對妳好，但他們不會告訴妳這樣做的後果和代價。如果一個男人能幾十年如一日般，如熱戀時那樣對妳好，他為此放棄的東西妳能承受嗎？人的精力、心思和時間皆有限，生命當中要完成的任務和成長的需要卻數不勝數，把全部資源都投擲到一個方面，勢必會減少在其他方面的收穫。

我沒遇過一個能每天用不同方式哄妻子開心，還能把事業也做得風生水起的男人，如果真有這樣的全能男人，遇到了是奇蹟，遇不到才是人生的常態啊！他有他的事業要忙，有他的朋友要來往，有他的父母要照顧，還需要培養愛好和豐富精神世界來滋養自己。妳奢望他像追求階段和戀愛初期那樣，把幾乎全部的時間、精力和心思都花在妳身上，他就只能荒廢其他；而一個一事無成、只會對妳好的男人，是妳想要的嗎？變成巨嬰後，獲得一個人對妳的好，對妳而言是否有好處呢？

在現代社會，女人要做的事其實不比男人的少，妳也一樣有自己的生活。每天思考他為什麼不如從前對妳好，會占去妳事業上追求進步、生活上追求品質的時間和機會，如果把時間留給自己，勢必會減少這件事對妳的困擾。如果妳真的希望能做些什麼去改變現狀，切忌不要不停追問，妳要做的是平衡自己的需求。

熱戀期會讓女性留下「後遺症」，總會把以往他對妳好的標準當成起點，這個起點拉高了妳的需求程度。可能原本不需要對方為妳做些什麼的情況也能激發妳的需求，這種後遺症不應該成為常態，要區別哪些需求是「虛高」的，是不必要的，才不會讓自己欲壑難填，才有可能客觀地去看待對方為妳的付出。

假使有些話需要溝通和表達，也不要採用指責和抱怨的態度，**用「真我」去交流不代表毫不顧忌地展示負面情緒，因為這樣不但解決不了問題，消極的態度還會阻礙對方敞開心扉**。

我也經歷過那個階段，處處盯著對方在熱戀期過去後如何對待我，那種氛圍讓對方不適，也讓自己不安。看清了戀愛本來的面目後，我更能接納平淡的關係，因為我明白真正的對我好，不是處處滿足我無理的高要求，而是兩個人都先做好自己的事，打理好自己的生活，再踏實地去愛對方。

Part 3

秩序與新自由：越覺醒，越自由

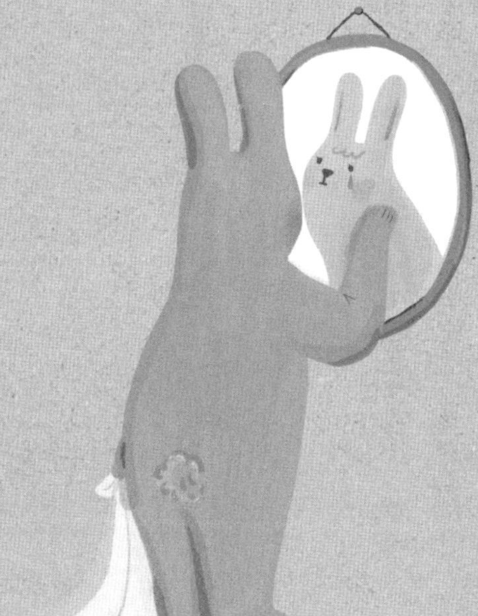

第七章
認識全新的自我

41 與焦慮相處

社交焦慮，究竟在不安什麼？

一位朋友曾經有過社交焦慮，他頻繁缺席聚會，而且給出的理由越來越花樣百出，從加班到身體不適，從家裡的狗生病到衣服洗了沒有能穿出門的，直到最後乾脆不回覆邀約的訊息。他以前可是特別熱愛聚會的人啊，可當我們生活在同一座城市之後，見面只需往返一小時的車程而已，他卻再也不露面了。

後來我試探性地問他是遇到什麼困難，還是真的太忙。他支吾半天說，他覺得自己好像得了社交焦慮症，想到跟朋友見面就特別緊張，參加聚會的前一天晚上甚至會焦慮到睡不著。所以他乾脆拒絕參加所有社交活動，除了與工作相關的應酬。他變成了一個徹頭徹尾的宅男。

為此我還發起過一個小調查——你是否因為社交而感覺焦慮？有將近一百人回答了這個問題，根據得到的答案裡，有百分之六十二的人都有不同程度的社交焦慮。看起來，社交焦慮真變成一種「流行病」了。有很多人因為焦慮而減少甚至迴避社交，難道以後我們的來往只能透過社交網路這種虛擬管道了嗎？

朋友問我該怎麼辦，或許深受其苦卻找不到出路的不只他一個，在社交焦慮還未升級成更大的問題之前，每個人都應該自查、剖析和找到解決辦法。因為每個人都不是一座孤島，社交網絡是我們賴以生存的條件之一，迴避社交絕不會減輕困擾，還會帶來更嚴重的問題。

你焦慮的，其實是社交結果

我跟身邊有這類困擾的人聊過之後發現，其實真正讓他們感到焦慮的並不是社交本身，而是社交帶來的結果。就像有的人害怕坐飛機，有的人害怕走夜路，他們所擔憂的都是這件事會帶來什麼樣的結果。害怕坐飛機是怕遭遇不測，不想走夜路是怕遇到危險，而社交焦慮背後的動機更為複雜。

社交不是一件簡單的事情，它需要我們明確社交的意義、清楚自己的目標、了解自己、了解他人、在社交過程中找到合適的溝通方法、對他人的反應做出適當的回應……諸如此類繁瑣的環節構成了社交這種複雜的人類活動，其中任何一個環節出錯，都可能影響人們的社交體驗。面對這樣繁瑣、有挑戰的事，焦慮其實是一種正常的情緒。只是使這種必然產生的焦慮保持適度才是有積極意義的。

通常，對社交有適度焦慮感的人是更值得交往的人，他們對他人的情緒更敏感，更善於傾聽，也更容易理解和體諒他人。因為適度的緊張會讓他們更容易察覺周圍的變化，而不是只關注自身，對他人的情緒反應遲鈍。可是一旦這種焦慮超過正常水準，就會像我的朋友一樣，被社交困擾，出現退縮行為。

社交焦慮的原因

❶ 喪失控制感

誠如前文所說，社交不是一件簡單的事情，而且其中有很多我們控制不了的環節。有一部分社交焦慮的人正是因渴望控制感，而對社交望而卻步。相比社交而言，打電動、看電影等一個人能完成的活動對於他們而言更為輕鬆自在，因為自己可以選擇和控制的部分更多。但在社交活動中，他們要面對陌生的環境、陌生的人，即便是跟相熟的人聚會，他們也無法預測和控制對方說什麼、自己該做何反應，更不要提社交中可能會遇到的尷尬窘境了——如果話不投機怎麼辦？如果冷場怎麼辦？如果產生矛盾和衝突怎麼辦？這一系列無法由自己控制的問題便是焦慮的來源，他們光是在腦海裡想像這些情況就覺得頭疼，更難讓自己在真實問題出現的時候感到舒適和應對自如了，因為他們覺得自己控制不了局面。

❷ 固化的社交模式帶來的不適

我們從出生起就開始了社交活動，跟父母、親戚、鄰居、同學等的來往，都可以稱之為社交。所以，在長大之前，我們已經積累了一些關於人與人之間交往的經驗和價值觀，形成了我們初始的社交模式。比如，在小學時，同學之間的交往就是大家結伴學習、上下學、玩耍，這是一種相互支持和陪伴的社交模式。但到了大學時代，每個人選修的課程、作息時間、愛好都不一樣，先前的支持和陪伴模式不再適用，更適合的是以精神交流為主的模式，比如跟同一社團裡的成員聊愛好，跟有相同求職目標的人聊實習經驗。等到進入社會，同事之間的交往基於合作、共同完成工作目標，與大學時代也不相同。可以發現，沒有一種社交模式可以貫穿始終，讓人無往不利，我們在面對不同的對象時都要採用適宜的方式。

有的人會在社交模式的轉變中感到不適，因為以往熟悉的方法不再起作用，他們會感到茫然，還有可能在人際交往中感到挫敗。這也是社交焦慮的來源之一，他們還未掌握多元化的社交模式。具體而言，他們可能不知道面對新同事該說什麼，跟朋友的戀人該以什麼標準相處，面對合作夥伴該保持什麼樣的溝通頻率等等。從前建立的人際交往模式越固化，它帶來的阻滯越明顯，因為要改變自己去適應不同的社交情境的確需要時間。

❸ 被評價的壓力

如果說前兩種是相對個性化的社交焦慮來源，那麼擔心自己被評價可以說是更普遍的原因。不得不說，外界的評價是很多人的壓力來源。人人都擔心自己看起來不夠好、不足以讓別人喜歡。**社交之所以讓人感到焦慮，就是因為每個人都試圖表現出自己其實並不具備的品質**。即便不是刻意為之，也會不自覺地努力散發魅力。

你擔心別人說你不大方，所以搶著買單；你擔心別人說你無趣，努力講笑話；你擔心別人覺得你的負能量太多，不敢吐苦水。長期處在這種社交狀態當中，誰會不焦慮、不疲憊呢？我的朋友投資失敗，怕別人覺得他是個失敗者，因此才產生了社交焦慮。

當然，引起社交焦慮的原因不侷限於這三種，情境因素、個人生活當中的壓力和自我認知等各種因素都可能會引起暫時的焦慮，並直接反映在社交活動當中。但無論是什麼樣的原因引起的社交焦慮，都並非無可救藥，它可以緩解、減輕，也有機會徹底改變。

焦慮來襲時，你可以做些什麼？

首先，直面你的焦慮，承認它的存在。

有的人諱疾忌醫，有了社交焦慮不承認，總是找各種理由迴避社交，這樣只會讓症狀越來越嚴重。當你意識到對社交有不同以往的壓力、緊張甚至想逃避時，別逃避，你要坦誠而確定地告訴自己你的確有社交焦慮。就像如果你不承認屋子裡有一隻困擾了你很久的蒼蠅，你永遠不會主動選擇揮舞蒼蠅拍去消滅牠。承認焦慮並不丟人，每個人都有自己的問題，焦慮更是一種普遍的存在。

其次，找到真正的原因。

如果是暫時性的焦慮，由臨時具體的問題引起，那麼你可以不去理睬焦慮。但如果是由前文所說的三種情況引起的焦慮，便要精準擊破。解決的基本方法是，在哪裡遇到的問題依然要在哪裡解決，就像人永遠不能在陸地上學會游泳，社交裡的問題也要回到社交情境中去解決。

控制感低的人首先要認識到，縱然你再無所不能，你可以控制的也只有自己。你控制不了的部分不是透過社交就能完全避開，它們依然會存在於你的生活當中；例如，突如其來的大雨、意外的交通堵塞、無法預料的工作變動。你能做的不是努力去改變你不可操控的部分，而是接受它們的存在，調整可控的部分，比如你的心態和溝通方式。社交活動正是一個難得的練習場，你要學習適應控制感低的社交場合，並在不斷的調整中找到應對不可控事件的方式，這樣的技能還能夠應用到生活的方方面面。

如果是固化的社交模式引起的焦慮，你可以透過觀察和學習來改變。多參加不同的社交活動，即便你還不懂得如何應對，但你能觀察和模仿，看看那些在人際交往中如魚得水的人是如何應對的。

此外，充分暴露在社交場合中，也是在逐漸打破錯誤的認知與你的聯結。因為社交和焦慮已經在你的心中建立了較強的聯結，要想打破這種聯結，你必須要充分適應社交場合，如果你能對社交活動感到自如，適應感就會變強，焦慮感也會隨之降低。

對於因為擔心外界評價而逃避社交的人來說，要學習的並非如何在他人面前維持良好的形象，而是如何做更真實的自己，不揚長亦不避短。沒有人能把自己不具備的特質表演一輩子，也沒有人一無是處、毫無價值，表現真實的自己是社交中難能可貴的品質，更何況你究竟是個怎樣的人並不取決於他人的口舌之間。

最後，學會跟焦慮作伴。

對於部分人來說，社交焦慮只能減輕，卻無法根除。但這並不意味著你終生都無法有正常的社交活動，一直痛苦下去。接納它會一直存在也是一種治療方式，就像一些慢性病一樣，把它視為人生的一部分，你依然可以與它共生，且能不受其累地好好生活。

如果你嘗試了各種辦法，都無法在社交中感到完全的舒適和輕鬆，那麼你要做的就是，總結經常讓你感到緊張的情況，以及它可能給你帶來什麼，你又有哪些辦法可以儘量避免糟糕結果的發生。你要變得像熟悉自己一樣熟悉社交焦慮。比如，經過你的嘗試和總結，你發現相較於兩個人見面，多人聚會讓你感到有壓力，讓你不自在、只能持續沉默，但是你可以透過跟參加聚會的人裡比較相熟的人交流來讓你感到愉悅和輕鬆。那麼當你下次再遇到這樣的情境時，你便不會手足無措。即便焦慮依然存在，但你知道你可以應付了，你有管用的辦法。

還有一種讓你跟社交焦慮和諧相處的方法，就是梳理清楚你的社交願望。你一定不是毫無原因去參加聚會，一定是有所期待才願意克服社交焦慮而前往，這個原因和期待便是你的社交願望。無論出於何種原因，它都是能讓你不再過度關注自身焦慮的好辦法。當你在社交中把更多的注意力放在社交願望上，焦慮便不會時時困擾著你。

如果你正在面對社交焦慮的問題，不必過度擔憂，**焦慮本身並沒什麼可怕，可怕的是你不知道自己究竟在焦慮著什麼，因而逃避問題**。如果你能像了解這個世界一樣去了解自己的社交焦慮，願意直面它、緩解它、與它和諧共存，那麼你解決的不僅僅是社交焦慮，而是在征服世界的路上又邁出了一大步。

42 應對冷暴力

遇到冷暴力，如何「救」自己？

經常在電視劇裡看到生活中熟悉的這個情節——女主角早上起來第一件事就是查看手機有沒有來電和訊息，發現男朋友沒有聯繫她，很失落。接下來的一天裡，她幾乎每隔幾分鐘就看一次手機——沒有消息、沒有電話，她什麼事都做不下去，甚至懷疑是不是因為手機出了問題、網路斷線或者這個男人出了什麼意外，才沒有聯繫自己。她實在按捺不住焦急的心情，主動打電話過去，男主角卻輕描淡寫地說一句「我在忙」就匆匆掛斷電話。

你有沒有經歷過別人對你的冷漠對待？你有沒有在一段人際關係當中，莫名其妙地從熱情高漲的狀態瞬間跌落到冰點？你有沒有體會過那種並沒有發生實質性的改變，但對方每一個反應都像從頭頂潑下一盆冷水，讓你瞬間打起了寒顫。突如其來的身體暴力，可能會瞬間調動你的防禦機制，讓你進入應戰狀態，你知道要躲避，要抗爭；可是面對這種精神上的冷漠和輕視，你會很難接受，茫然失措，你想知道對方究竟怎麼了，你又該怎麼辦。

冷暴力無處不在，在家庭、工作單位和學校裡，尤其在婚戀關係當中，它會出其不意地破壞親密感，甚至破壞你的自尊和自信。不回覆訊息、不接電話或者回應非常冷淡，不主動聯繫你、找各種藉口拒絕交流和見面、面對你的質疑和詰問毫無反應或者敷衍了事，甚至反脣相譏，把問題都推到你身上……這些都可能是對方精神施暴的表現。而這，大多都是因為新鮮感耗盡引發的冷暴力。

很遺憾，沒有任何情侶能始終如一地處在熱戀之中，激情和新鮮感消耗完之後，倦怠會隨之襲來。在熱戀期，你們恨不得能每分鐘都膩在一起，什麼個人空間、私人生活統統都不重要，好像一切都可以為戀愛讓路。但是人性使然，我們終究沒有辦法一直持續這種如膠似漆的狀態，感情也沒辦法持續升溫，只能任由它在溫度最高點冷卻。

冷暴力就屬於熱情急速下降的併發症，人會厭倦，會感到無趣，會迴避之前的親密，想要回歸到私人空間當中。有的是出於客觀原因不得不重新處理之前因戀情被耽誤的工作，有的是主觀上想要重新爭取一些私人時間去整理自己的狀態。如果戀人說想自己待一段時間或最近想減少見面，大多數人的反應會是追問不休：「為什麼會這樣？你怎麼了？出什麼事了？還是我哪裡做得不好，你不想見我？」如果對方告訴你，並沒有特別的原因，只是想獨處，似乎又不太合理。

每個人的節奏都不一樣，無法預測是急速還是均速改變，甚至從熱情到冷漠的急速轉變，也是那個忽然冷下來的人自己很難控制的狀態。他們很可能需要獨處但又擔心直白地表達會讓對方產生誤會，只能迴避、閃躲，或者用忙碌當作藉口。遇到這種情況，被冷落的一方也有辦法解決。

面對冷暴力，你可以這樣做

首先，充分地理解。可能你的熱度還沒有退卻，但對方先冷卻了下來。每個人的節奏不一樣，不是像考試結束鈴一響，每個人就都必須停筆交卷，總有一個人可能會先從激情狀態中探出頭去呼吸新鮮空氣。在另一段關係中，你也可能是比對方先感到厭倦的人。告訴對方，你能理解他的變化，你願意給時間和空間去面對自己的心情。

其次，給對方一段留白的時間。這段時間對方可能需要調適，需要在相對冷淡的關係當中去重新認識自己、思考關係，他可能也沒有完全能夠適應跟另一個人親密無間地相處，而冷卻後正是調整節奏的時機。冷漠的一方可能並不會有計畫、有目的地去做什麼，只是像原來一樣，忽然想跟夥伴打打電動，多跟同事、朋友在一起，或者像原來單身時一樣獨自做事。這些看似平常的事情卻往往承載著一種延續的意義，是一種讓他意識到他仍然有獨立空間和個人生活的可能，而這些可能看似在你們熱戀期已經消失。當他意識到兩個人過於親密時，他需要透一口氣，確認即使在戀愛中他也不是被束縛的，他需要「鬆綁」。

再次，也給自己一段獨處的時間。妳同樣也需要這樣一個機會重新審視熱戀中的自己、你們的關係以及未來。在荷爾蒙爆發的時刻，處於甜蜜期的情侶很容易忽略問題，只放大對方的優點，持續這種不清醒的狀態只會讓雙方在接下來的相處中暴露更多的問題。這些問題不是不曾出現，只是被激情蒙住雙眼的你們看不見。妳正好可以在獨處的時間裡，去思考在接下來的相處中有哪些要注意的問題以及妳對他的期望和要求。同時，適應戀愛中的獨處時光，在這段時間裡完善自己。一定要堅持有事可做，發展興趣愛好或者參與社交活動，哪怕只是跟朋友喝咖啡、逛街，都能讓妳轉移注意力。

要記住，**你最應該關照的是自己的生活，而不是時刻把心思放在對方身上**。

最後，適度溝通和見面。冷卻不代表徹底切斷聯繫，適度的溝通是很重要的，表達關心、問候，以及一些生活上必要的交流都可以正常進行。你也可以選擇告訴對方你在做什麼，儘量傳遞出你也可以適應這種獨處的訊號。獨處期間不是一定不能見面，但要提高約會的品質，不要為了見面而見面，也不要兩個人見面後無事可做，這樣只會讓雙方感覺更疏遠，覺得戀愛沒有意義，同時也會讓對方更想回歸到獨處空間中。

如果順利，可能不需要去刻意做什麼，兩個人自然而然就能回歸到正常的戀愛生活當中，可能你們會比熱戀的時候見面少，但變得更有規律、更節制。如果冷淡期持續得稍微長了些，你也可以理性地跟對方溝通，討論你所意識到的問題以及改變現狀的解決方案。

總之，面對冷暴力，你要先過好自己的生活，並傳遞給對方你也過得不錯的訊號，在調整期反省你們的關係和你自身的問題，用理性去溝通。

面對冷暴力，這些事最好別做

❶ 千萬別急著下定論

大多數人遇到冷暴力時，腦子裡一定都堆滿了問號。你會越來越困惑，你有各種假設需要去驗證——對方為什麼不聯絡你了？他（她）以前不是這樣的，為什麼現在會這樣？

你沒有線索，只靠猜想，會簡單地認為不是對方的問題就是自己的問題。很多人會在這個時候有兩種表現，一是指向內在的自責，認為是自己不夠好；二是指向對方的責難，認為他（她）不愛你了。

無論產生這兩種想法中的哪一種，你都不會快樂。自責會讓你悶悶不樂，整天懷疑和否定自己，把精力和時間浪費在自我否定上。你會對自己產生更多的不自信，這樣的狀態恰恰驗證了你這段時間的自我懷疑——「原來真的是我不夠好」，長此以往，在惡性循環中，你很難再重建自信。

責怪他人不再愛你，會讓你感到憤怒、傷心，甚至情緒爆發，朝對方發脾氣，質問他（她）為什麼不愛你。你是要討個說法，但對方只會感到莫名其妙，覺得你是在無理取鬧——「我不過是想要一段獨處的時間，我現在也很心煩意亂，你還要責難我，甚至上升到愛不愛的高度。」這樣的行為完全是在把雙方的關係推向懸崖。

所以，千萬不要輕易下結論，時機未到，你現在要做的就是接受戀愛關係當中必然出現的這個階段，同時過好自己的生活。想要的答案，時間會給你。

❷ 不要以冷制冷

像我這般剛烈的人，在遭受冷暴力後，其實是比較難以接受的。有時一種破壞性的想法會油然而生，「你這麼對我，我也會這麼對你」、「你不理我，我更不會理你」，甚至當對方想要主動接近時，會有一種報復心理——「你現在想理我，我還不想理你呢。」如果你真的不想再跟對方發展關係，只想圖一時之快，那麼你大可以這麼做。但凡你還想平穩走過過渡時期，跟對方繼續發展，那麼請千萬不要以冷制冷，記住，**戀愛不是較量，而是一種配合與協作**。之前說的冷靜處理不同於你也用冷暴力還之彼身，冷靜處理是為了解決問題，還想繼續溝通，而冷暴力是一種懲罰，會導致終止溝通。不同的處理方式將導向不同的結局，請慎重。

❸ 別急著證明你的存在

有些人也會在這個時候，以各種形式喚起對方對自己的重新關注，但又無法跟對方直接聯絡，只能藉由各種社交平台來展示自己，希望引起對方的注意，打破冷漠狀態。比如，刻意在朋友群組裡展示生活和表露情緒，證明自己現在過得特別好，好像比熱戀時還要好；或者表現得淒淒慘慘，好像沒有對方活不下去。這兩種表現都有些過火，確實能達到讓對方注意到你的效果，但只能引起對方的反感。過得那麼好還談戀愛幹什麼呢？讓對方感覺不到妳需要他；過得不好也只會傳遞一種消極情緒，讓對方順著這種情緒聯想到你的缺點、你們相處時的不快。

不要說過激的語言，比如「一個人更精彩」、「沒有你，我過得更好」這樣的話，會傷害對方的自尊心，適得其反。正確的做法是，表現得儘量如常又比較積極，讓對方安心認為妳能處理好這個問題，看到妳積極樂觀的一面，這也能激發他的積極性。

識別「惡性冷暴力」

前文說的都是新鮮感耗盡引發的冷暴力，是比較樂觀的情況。但是冷暴力也有可能是惡性的，是對方放棄關係的表現。有兩種情況也能導致冷暴力的出現，第一種是他想分手又不知道如何說出口，只能用冷漠和拖延等著妳忍無可忍主動說分手；另一種是有了新的目標，但還處在未確定關係的狀態，只是把冷淡留給了妳，把熱情給了別人，一旦他跟另一位曖昧對象有了實質性的進展，他會立即離妳而去，現在不挑明，只是想留一個退而求其次的選擇。

如果對方的冷暴力持續了一個月以上，你的主動示好和改善關係都得不到回應，基本上可以考慮放棄這段關係。實施冷暴力的男人其實最軟弱，他們的目的就是透過冷暴力的方式逼女人自行離開，同時塑造自己的「紳士」形象，這樣一來，他既不用承擔任何道德上和經濟上的責任，也不會給人留下始亂終棄的壞形象。不愛了、決定放棄關係的時候還想著自己的顏面、不考慮對方的感受，是非常自私的行為。

不愛不是最讓人痛心的事，最痛心的是不能嚴肅地對待和尊重彼此及彼此的關係，用傷害他人的方式結束。在這種情況下，你再積極主動也很難挽回。沒辦法，戀愛同樣需要運氣。要做的不是苦苦等待最終的宣判，而是在解決問題未果的情況下，主動提出分手。

從心理感受來講，主動做出選擇要比被動接受選擇好很多；尤其是對方的問題更大時，你主動原諒能體現你的大度，你主動提分手會比對方提有更好的迴旋餘地。

戀愛不是理想的影視劇，大部分人其實都很難把握戀愛中的節奏和尺度，也很難在戀愛中運籌帷幄或提前布局，做到寵辱不驚，就更別提戀愛前學到的「撲朔迷離、若即若離」的推拉技巧了。而且，戀愛也不是你學了一身本事就一定能輕鬆駕馭，有時候我們還需要一點運氣來遇到那個對的人，而更多的時候應該保持理性，該愛的時候愛，該清醒的時候清醒，該離開的時候離開。

43 彈性認知

你永遠有犯錯的權利

春天值得躁動，經過冬眠和雪藏，各種情緒和想法都在四月噴發而出，收都收不住。於是心思活絡，頭腦混沌。在這個春天我犯了很多錯誤：丟鑰匙、炒菜放錯佐料、在地鐵驗票閘門前拚命刷出勤卡、發現衣服前後穿反後，惱羞成怒地把它揉成一團發洩不滿。是的，我對自己不滿，一直以來我對自己要求的底線就是不犯錯，然而層出不窮的失誤為我製造了一個又一個麻煩，我在自己製造的混亂中理不順生活。數不清的小失誤讓我感覺每天都走在犯錯的路上，雖然沒有給我帶來徹底的失敗，但這感覺讓我找不到什麼是對的。

老天聽不見，我便對著自己一遍遍地譴責：「喂，妳怎麼這麼蠢？」剛好身邊的朋友也來找我傾訴——這麼多年兢兢業業地工作，只是因為一個小問題就被主管不再信任，陷入不知是去是留的困境；感情方面一直克己復禮、從未越界，卻愛上已婚男人，覺得自己的人生就要陷入不可挽回的錯誤深淵，再也爬不上來。

我深知那種感覺，一個接一個的錯誤就快要把自我碾碎，拼不起來這些年努力編織的完整的自我。在一次次觸碰自我要求的底線後，犯錯後的我們迫不及待想要改變，也會像個哲學家一樣思考，為什麼會犯錯？怎麼才能不犯錯？

會犯錯，不是你的錯

一切只因這個世界雖然包羅萬象，但是還未形成健全的容錯機制。考試時你答錯了一道題就可能落榜，求職時你的一個錯誤回答就會被否定，旅行時走錯了一條路可能會浪費本來就不多的假期時間。於是大部分人這一生都在小心謹慎，努力做到在緊要關卡選對路、看準人、站好隊，躲過一切可能發生的錯誤帶來的傷害。因為有太多的人告訴我們，有些事不能重來，機會不會一直等你，世界不允許你失敗。

也是因為秉持著不犯錯的信條，我們也從未給自己在心裡保留一個容錯的位置，漸漸只能接納永遠保持正確的自己。更何況，周遭的人也並非永遠心存善意，同樣用「不犯錯」的準則要求著他人。男人晚回家一次是錯誤，要被懲罰；女人少做一頓飯是錯誤，要被數落；員工沒提前完成工作是錯誤，要被批評；朋友不願意借錢是錯誤，要被非議。所以，真正不拘繩墨的又有幾個？

人們都在盡可能敏銳地察覺任何可能帶來錯誤的風吹草動，一經發現必須遏制，我也一樣。天色陰沉，出門一定要帶傘；出門前必須確認帶好鑰匙、錢包、手機；發送郵件前要反覆讀三遍，使用任何電器前都會認真閱讀說明書；去陌生的地方要開導航；跟人談話會打草稿；甚至非常不喜歡穿顏色鮮豔的衣服，因為太容易搭配出錯……我們把自己捆綁在一個必須永遠正確的人生軌道上，建立了一套保守、不出錯的規則。

犯錯後是否得到教訓、學到經驗，才是重點

一旦犯了錯誤，打破了自己的規則，就覺得天理難容。於是，我們就這樣在糾結、內疚、被別人指責和被世界嘲弄的過程中，忘記了一些事實——走錯路可能遇到意想不到的風景，工作失誤可以獲得更深刻的經驗教訓，愛錯了人可以去偽存真，更清楚自己適合什麼樣的人。在我們對一件事還不那麼清楚、了解、明確的時候，我們跟心理學家沃夫岡．科勒（Wolfgang Köhler）實驗中的那隻猩猩也許並沒有區別，都是在「嘗試—錯誤—嘗試」的模式中摸索自己的生存辦法罷了。

更何況，並非所有的錯誤都不能挽回，並非做對了事情就一定會滿足快樂。人生總要繼續前進，誰不是在錯誤的激流中勇敢前進，在挫折中成長？而那些為自己建立的規矩和要求，就一定是對的嗎？在沒有傷害別人、明確大是大非的基礎上，那些準則是否真的有對錯之分？

在社會中扮演各個角色的人，只要一直遵守既定的軌跡和別人不切實際的期待，永不犯錯，就可以給自己的人生一個圓滿的交代嗎？有人說過，世界上最暴力的語言是「像個男人」、「像個女人」、「像個媽媽」、「像個學生」……往往就是這樣的話傷害了我們。大家都是第一次來世界上，難免生疏，所以犯點錯又如何？**如果犯錯後依然有改正的能力，有寬宏的胸懷，有繼續踏實生活的自信，這個錯誤就值得，因為這些才是你繼續成長和進步的最根本底氣**。我會繼續在錯了改、改了錯的千錘百鍊中守住這份底氣，希望你也是。

44 清醒判斷

兩個重點，辨別婚戀關係中的危險分子

這些年被曝光的殺妻案真的不少，每次看到這樣的新聞都覺得觸目驚心，看到評論區裡的「不婚不育保平安」也覺得心酸。結婚生子原本是通往幸福的一條路，現在怎麼感覺像是以加速度奔向死亡呢？人在恐懼面前，都會有防禦機制，但大可不必抵觸婚姻、仇男，負面新聞的報導不是用來製造恐慌的。

我們的確接收了很多引發恐懼的資訊，但從另一角度來看，我們也可以從中總結出一些規律，學會識別危險的人和危險的關係。就像去駕訓班學習，交通法規課上也會放映很多慘烈的交通事故，但那不是為了恐嚇大家一輩子別開車，而是一種提醒，要對可能發生的危險有所警覺，學習如何避免傷害，保持清醒能讓你最大限度地遠離危險。

關於如何辨別婚戀關係中的危險人物？我想給出兩點建議。

建議❶ 了解對方如何調節情緒

不論是利他還是傷害他人的行為，背後都有一個核心訴求，就是發洩個人情緒。行為都是由情緒驅動的，哪怕是變態殺人狂，他們也是為了一個「爽」字，「爽」就是情緒，因為平時很「不爽」，自己又沒有消化情緒的能力，所以透過非常極端的行為發洩情緒。

在婚戀關係裡，情緒是拌嘴和爭吵的必然產物，但這不代表拌嘴和爭吵都會引發暴力、危險的行為，大多是因為人的情緒調控機制引起的作用，例如：自我勸慰、找朋友傾訴、買東西、出去玩、哭泣等等，這些都是相對而言無害的調節情緒方式。但有兩種有害的情緒調控機制，可能會把人推向極端。

一種是「暴怒型」。擁有這種情緒調控機制的人在矛盾面前會大發雷霆、破口大罵，有時還會從語言暴力上升到身體暴力，這種身體暴力不僅包括指向自己和對方的，也包括指向「第三方」，比如透過摔東西、砸牆的方式把情緒發洩在外物上。這種發洩情緒的方式是不可控的，也許起初還在相對安全的範圍內，但可能下一次就「由物及人」、「由傷害到殺害」。他們被情緒奴役時，人也好、物也好，對他們來說都是無差別的，都只是發洩情緒的工具而已。

另一種是「壓抑型」。有些人看起來脾氣很好，好像完全不會生氣、情緒不外顯，但這種情緒處理方式也是自帶危險屬性。情緒無關修養和情商，因為修養再好、情商再高的人也是有情緒的，只是不那麼激烈和明顯，而是用相對收斂的方式去表達。「壓抑型」的人對外會完全封閉自己的情緒，甚至表現出完全相反的情感。

還記得連續劇《隱祕的角落》裡的張東升嗎？當得知妻子要跟他離婚，岳父岳母也都贊成他們離婚時，張東升心裡是有不滿和委屈的，但是表面上他依然不動聲色，有時還表現出令人難以置信的平和。把情緒壓抑在心裡，負面情緒就會呈指數級成長，成為一個巨大的、足以碾壓一切的能量團，任何事都可以成為導火線然後引爆它。

「暴怒型」的人易被察覺，但「壓抑型」的人反而往往讓人覺得安全，這就是所謂的「老實人效應」。你覺得他連脾氣都不敢發、不會發，又怎麼會做出傷害別人的事呢？真實情況恰恰相反。就是因為他們不會合理地表達情緒，把情緒壓抑在心底，說明他的情緒調控機制是失靈的，負面情緒不斷累積，遲早有一天他們會被情緒奴役，做出不可控的極端行為。

情緒調控方式是一個人能否保持穩定的重要指標，如果你在交往過程中發現對方常常暴怒或極度壓抑，一定要有所警覺。哪怕他們不是禽獸，也是猛獸，也會傷人。

建議❷ 了解對方在發生問題後如何歸因

簡單地說，歸因（解釋行為的造成原因和過程）方式可以分為兩種——內部歸因（內控）和外部歸因（外控）。當兩人吵嘴時，有人會覺得都是對方的錯，這是外部歸因；而有人會低頭審視自己是不是沒做好，這是內部歸因。再比如，當工作不順利時，有人會認為是公司和主管的問題，這是外部歸因；有人會反思是不是自己沒有處理好、能力有待加強，這是內部歸因。性格決定命運，其實，歸因方式也能決定命運，甚至是別人的命運。

習慣性外部歸因的人愛抱怨、愛推卸責任，他們很少改變自己，遇到問題時只會坐以待斃，狀況是不會好轉的；而習慣性內部歸因的人，會反省自己、提升自己，改善自己的生活。如果只是影響自己倒也罷了，外部歸因還會波及甚至傷害周圍的人。因為總是把問題推給自己以外的人和事，他們的注意力也都指向別人的錯誤、如何懲罰別人的錯誤以及怎樣發洩自己的不滿。他們認為自己的需求沒有被滿足，都是社會不公造成的，所以他們的思維邏輯並不聚焦於如何解決問題，而是直指如何報復、傷害他人來獲得滿足。

合理健康的歸因方式是有彈性的，直接的說法叫「就事論事」，既能察覺別人的錯誤，也能識別自己的問題，客觀看待事物。如果你的伴侶頻繁運用外部歸因的思維方式，那被抱怨可能只是最輕度的折磨，最怕的是有一天你成了他報復外界的代罪羔羊。

最後，還是要說明，即便符合以上兩點，也不代表這個人就一定會做出極端行為，也不意味著這個人可能成為殺人犯。但一段讓你不舒服的關係、一個讓你不開心的人，在最糟糕的事情還沒發生前，離開他是保護自己最好的方式。

45 擺脫束縛

說你強勢的人，其實是不夠懂你

我最怕也最不喜歡跟這種人打交道：做任何事之前，都先擺出自己的難處和不易，先占妥下風。工作中，他們常說這個不會、那個不行：「我還剛起步，你幫幫我。」生活裡他們也會如此，今天不舒服明天家裡有事：「我這麼辛苦，這件事你幫我做吧。」還有一種看似稍微高明的方式，曲意逢迎，溜鬚拍馬，身段都是一樣的軟，目的都是想撈點好處。

他們渴望喚起對方的同情和憐惜，從而獲得好處。這是一種手腕，但這種手腕已經過時了，也不值得尊重。不是勢均力敵的博弈，也不是旗鼓相當的合作，反而有點下流和不體面了。幫一次可以，照顧兩次還算說得過去，可是人們最終只會選擇和真正強大的人一起往更遠處走。因為在弱肉強食的社會，最後收服人心和獲得成功的從來不是弱者，而是強者。強勢相對於弱勢，似乎並不討喜，強勢有居高臨下之嫌，這也是很多人對強勢的表面理解。

聽到別人用強勢來評價一個人的時候，我們往往會覺得它是負面的，但實際上，強勢跟大多數性格特點一樣，它是中性詞，既有好的一面，也有糟糕的一面。糟糕的是，性格強勢的人在開始接觸時會給人難以接近、獨斷專行的感覺；好的一面是他們有主見，性格果斷，會主動去影響他人。

我想為強勢正名，它並非一個絕對的缺點；相反，我恰恰認為，你應該做一個強勢的人，也應該跟強勢的人交往。強勢中糟糕的一面可以被修正和改善，但誰都不能否定強勢的積極作用。正是因為強勢的性格有好的一面存在，強勢的人才更容易成長為獨立、強大、有行動力、有影響力、更容易獲得成功和幸福的人。

強勢的好處

❶ 強勢能幫助自己成長

總是以弱示人，久而久之，人就會形成弱者心態，遇事只會變得習慣於用示弱和討好來換取好處，而不是把精力用來使自己變得強大到跟別人匹敵。但以強勢示人，總是需要一些東西支撐，這就是你的過人之處。你可以成為能力強或知識儲備強的人，進而修煉和提升自己。也是因為強勢，別人會對你有更高的期待，這也是不斷催促你成長的動力，活在強勢的位置上，你也會用強者心態來鞭策自己持續進步。

❷ 你強勢，別人才不會欺負你

欺軟怕硬已經不是一種心態，而是一種約定俗成的共識了。越是暴露自己的弱勢，就越有可能被強制、被欺壓，示弱能換得一時的便利和好處，但也會被人打上弱者的標籤，成為別人心裡好拿捏的「軟柿子」。想侵占他人利益的人也會考慮對方的特質，表現得強勢至少給別人有底氣、有原則的印象，而越示弱，越容易被人當成標靶。

以前有位同事常被人評價為「好說話」，有一些界線不明的瑣碎事，最後都是她硬著頭皮去完成的，有時候甚至因此耽誤了自己的工作。大家心裡都清楚，不是這個人好說話，而是這個人太弱，弱到對別人的不合理要求也照單全收。

強勢的人會表明自己的立場、原則，不會輕易委屈自己成全別人的要求，雖然這可能會帶來不夠有親和力的評價，但誰說「親和力」不是別人欺負你的理由呢？

❸ 強勢的人更容易達成目標

正是因為不會輕易妥協，強勢的人不斷成長，更具備達成目標、獲得成功的素質；他們不會用軟弱去討好，而是用實力去證明自己；他們目標明確，也會主動去引導和影響周圍的人，和他一起完成目標。

團隊裡強勢的人也往往是最能提升團隊效率的人，他們不會花太多時間糾結和猶豫，清楚地知道在什麼時候該做什麼事，用領導力驅動自己也驅動他人。

強勢的人有不能忽視的長處，但要最大化地發揮強勢的作用，還要補足短處，至少讓短處不扯後腿。

強勢的人要明白的三件事

❶ 強勢是心態而不是姿態

很多人對強勢的偏見，正是因為強勢的人往往表現出強勢的姿態，容易引起別人的反感或者畏懼。這是強勢的人要克服的第一個缺點，你的強勢應該體現在心態上，你要認定自己是個強者，也對自己有更高的要求，明確自己要什麼，不妥協；但你的姿態不應該是強勢的，溝通的語言不應該是強勢的，因為真正影響和說服他人的是你內在的底氣和能力，而不是外在的聲量和體態。

成熟和聰明的強勢，應該是既用平和、平等的姿態與人交往，給他人留餘地，又堅持原則，有自己的主張。

❷ 強勢是保護色，卻不是唯一的性格底色

強勢是對我們自己的保護，維護著我們內心世界的秩序，也正如前文所說，強勢使我們免受不必要的欺負。強勢是我們的保護色，但不應該是唯一的性格底色。

任何一種性格都不該是我們唯一的性格底色，一個人可以既溫柔又強悍，既外向又內斂，既寬容又小氣，對立的性格不一定會產生矛盾，只要你能將它們應用在適合的場合。所以，切忌隨時隨地以強勢示人，要釋放自己溫柔內斂的部分，性格底色越豐富，你的韌性越好。

❸ 強勢是性格，但不是絕對的手段

強勢的確能促成目標的達成，但絕對不是唯一的途徑。因此，我們要學會在必要的時候退讓。在不破壞底線的情況下，適度低頭。這種退讓不是之前提到的以弱示人，而是在必要時做出必要的放棄，不觸及核心的讓步，以退為進；這不是要改變性格，而是用迂迴的方式來展現你的強。

其實，強勢的人往往比弱勢的人承受了更多。他們看似不好相處，但真的遇到事情，他們也會替周圍的人擋掉很多不必要的麻煩。他們周圍的人不必經受的委屈和痛苦，是因為強勢的人主動承擔一切。

我實習的時候，帶我的一位姐姐是強勢的。曾經在一次合作中，合作方突然提出要求，我們除了要做好本職工作，還要幫對方完成任務。如果換成好說話的主管，我們團隊可能要做不少費時的雜事，但是她據理力爭，拒絕了對方的不合理要求，讓我們安心做好自己的事。

強勢一點沒什麼不好，能保護好自己，也能保護自己愛的人，至少在這一點上，他們更有擔當。當然，**凡事都應該把握好分寸，發揮強勢中好的部分、改善不足之處，才是真正成熟又聰明的強勢。**

46 悅納自我

無法過自己想要的生活，該怎麼辦？

什麼是你堅持生活下去的動力？小新是一直關注我的一位朋友，他在後台留言給我，說「活下去」三個字就是他活下去的動力。初中時的一次意外奪走了他的半條腿，當時正值青春期的他有過輕生的念頭，十年後的他就要大學畢業了，他不再想著去死，他只想活下去，哪怕只是活著，實現不了夢想地活著。

他出生在一個小鎮上，跟所有的小鎮青年一樣，能獲取到的教育資源有限，他喜歡讀《國家地理》雜誌，曾夢想著走出這個小鎮，去世界上的每一個小鎮看一看。也是因為這個夢想，他愛跑步，說要鍛鍊身體，因為那是他闖世界的本錢。在那場意外到來之前，他也並不是多麼上進努力，因為他知道即便不靠讀書，他也有別的通往世界的路。但是意外發生之後，他知道，他唯有讀書這一條路了，他只有帶著知識和學歷才有那麼一點可能叩開外面世界的大門。畢竟對他來說，行走和跑步都是要付出很大努力才能做到的事。

然而，現實比他想的還殘酷。一個殘疾學生想要考進大學不是易事，儘管他的成績能去更好的學校，但他最終只能妥協，選擇一所可以接受他的名不見經傳的學校。外面的世界比他生活的小鎮大不知道多少倍，他需要付出比別人更多的時間和努力才能維持普通人的生活，上課、去學生餐廳、去浴室……這個時候他才知道，他雖然終於看到外面世界的一角了，但沒有疾步如飛的腳步，以前要用雙腿丈量世界的那個夢想，現在看來像天方夜譚，找到一份工作都難，更何況是去看世界。

他說他再也不做夢了，能活著就可以。每次閉上眼想起那場意外，他都能聞到死神來過的氣息，也許就差那麼一點點，他連呼吸的權利都會被剝奪。留言的最後，他問我，殘疾的事實改變不了了，我能接受，然後呢？我是不是就只能這樣過一輩子？活著就只是為了生活。看完了他的留言，我第一次如此強烈地感受到我的雙腿的存在，曾經，我理所應當地把它當作我應有的一部分。我頭一次想到在我的讀者裡，不僅每個人都或多或少有一些心理上的缺失，還有人正承受著身體病痛的折磨。有的人正以我們想不到的方式抵抗著生活的侵蝕，原來一切擁有都不是那麼理所應當。

另一位留言給我的朋友叫娜娜，她從小跟母親相依為命，家庭經濟條件不好，母親靠做簡單的手工藝供她讀書。高中時同學們都喜歡成群結隊去咖啡廳或速食店寫作業，但是她沒有錢，也不忍心花母親的血汗錢去泡咖啡廳，有時候跟同學一起進去，她坐一會兒就走了。她說自己努力生活的動力就是咖啡廳的咖啡香，那是她聞到的最沁人心脾的味道——她夢想著畢業後能開一間小小的咖啡館，給那些跟她一樣只能沉醉在咖啡香氣中卻阮囊羞澀的人們一個落腳之處。

剛畢業的她沒有實力去經營一家咖啡館，她要還助學貸款，還想減輕母親的負擔。聽說空姐賺錢多，沒想到竟然真的考上了。她不是因為找到一份別人羨慕的工作而興奮，而是因為離自己的夢想更近了一步而雀躍。她原本計畫在三十歲之前存夠錢，然後辭職開一家咖啡館。

但沒有想到的是，她的母親罹患了癌症，她傾盡所有積蓄為母親看病，好在母親的病情穩定下來。高興之餘，她想到了她的夢想，現在支付母親的日常醫藥費用都已經讓她捉襟見肘，夢想暫時只能是個隨時會破碎的泡泡。如今，每次出勤腫脹著雙腳為乘客倒咖啡時，她都感到絕望，她聞了太多咖啡的味道，但沒有一杯咖啡是她能微笑著喝下去的。如今，能讓母親身體狀況維持下去就是她堅持的動力。她像是問我也像是感嘆地說，不就是個開咖啡館的小夢想嗎，為什麼這麼難實現呢？

收到留言後的幾天，我都沒有回覆。但他們兩個人的故事總會浮現在心頭。我承認，有些人的人生就是格外艱辛，面對很多事情他們無能為力。可是當他們就出現在我的讀者朋友裡時，讓我更加唏噓感嘆。大到身體殘缺和至親罹患癌症，小到走上了一條不能回頭卻並無希望的職業道路，選擇了一個無法分開但並無感情的伴侶，我們都會被現實牽制，以致無力回天。

我問自己，也替他們問，替所有遭遇磨難以致改變不了生活的人問：「如果生活目前就只能如此，你暫時甚至永遠實現不了那個最初的夢想，如果你根本過不了自己想要的那種生活，那麼，我們還能怎麼辦？」

換個方式去滿足自己

李開復說過：「改變那些能改變的，接受那些你不能改變的。」

接受是我們繞不開的第一步，縱然不是欣然接受，而是逆來順受，我們也能按照生活的安排繼續活著。然而，接受現狀並不意味著放棄夢想，放棄一切可能。小新要接受的是身體殘缺的事實、更困苦的生活和原來的夢想難以實現；娜娜要接受的是她必須繼續現在的工作、照顧病弱的母親、暫時擱置她的咖啡館計畫。但這些並不是他們應該和需要接受的全部。

生活還有其他部分。我說的不是詩和遠方，是其他的可能性。世界就藏在你的心中，如果你願意，你就可以將它延伸至生活當中。我知道小新的夢想是去看世界，如今不能實現的不是看世界，而是用原來的方式看世界。但是他的心中依然可以留有這樣一片天地，那裡有他嚮往的熱帶島嶼、非洲叢林、北極圈極光。即使失去了親眼看見的可能，他也依然可以觸碰生活以外的生活。如果他不想僅僅透過別人的眼睛看世界，還可以親自去旅行，即便不比從前期待的那樣容易，即便帶著他人難以想像的艱難。

我在越南時遇到一對夫婦，男人只有一隻手，但這隻手臂擁著他心愛的妻子，笑得燦爛。村上春樹的小說《聽風的歌》裡有這樣一段描述：「有時想到要是長此以往，心裡就怕得不行，真想大聲喊叫。就這樣像塊石頭一樣終生躺在床上望向天花板，不看書，不能在風中行走，也得不到任何人的愛。幾十年後在此衰老，並且悄悄死去……」我想這才是真正無法接受的狀態，身體的殘缺還導致了心靈的殘缺、生活的殘缺。因為擱淺的不只是你的雙腿，還有你的精神世界。

娜娜的夢想暫時也無法實現，但沒有人會阻擋她把它放在心中孵化。咖啡館也許只是一個夢想的物化標誌而已，她想要的不僅僅是咖啡館，而是另一種美好的生活。而美好即使不透過開咖啡館來實現，也依然可以在心底找到它的存在。閒暇時閱讀、旅行都是通往美好生活的路徑，哪怕只是駐足在一朵花面前，你都能擁有美好的體驗，而這一切的前提是，你有足夠美好和開放的心態。

去豐富你的精神世界

如果一隻鳥因為斷了翅膀而不能飛翔，那才真正可惜；如果一條魚因為力量弱小而只能停留在一片水域，才真正可嘆，因為那些是鳥和魚的全部人生。但人類跟其他動物的區別就在於，荒蕪而破碎的現實生活並不是我們的全部，我們的身體內還有一個獨特又高級的區域，那便是我們內心的精神世界。外面的世界雪虐風饕，也阻擋不了內心的春意盎然。身體上的殘缺和生活的現實都否定不了我們內心的美好。所以，我們能做的，除了說了千萬次的接受，就是去開拓、豐富專屬於你的精神世界。

人再有能耐，也會有無可奈何的時候。你看那能上天入地、大鬧天庭的孫悟空，用一萬三千六百斤的定海神針攪得神界雞犬不寧，也終究翻不出如來佛祖的手掌心，被壓在五行山下五百年。什麼是他那時的夢想？是翻身重來，回到花果山，還做那隻逍遙自在的美猴王？可命運如此，牠只能戴上金箍，走上取經路，歷經九九八十一難。歌裡唱道：「我要這鐵棒有何用，要這變化又如何？」這是每個人在力有未逮時最普遍的感嘆。就算有一天你在萬般無奈之下，要戴上別人給你加的緊箍咒，在別人的規則下去除妖降魔，最終成為鬥戰勝佛，請別忘記你的花果山。盛裝之下，你的心裡仍住著那隻自在隨心的野猴子。

第八章 掌控真我的新人生

47 迷惘就是轉機

你感到迷惘時，是一個絕佳的起點

在諮詢紀錄裡、微信聊天紀錄裡搜索「迷茫」，結果數量驚人。「目標」、「理想」、「自由」、「憂傷」等相關詞也比比皆是。

迷惘是一種集體無意識

迷惘、無目標的確覆蓋了大部分人的生活狀態，我也一樣，在有一次季度考核談話的時候，主管問起我未來三年的目標。我有點瞠目結舌，三年？我可能都不太知道三個月後會怎樣。但是很多人接受不了無目標的迷惘狀態，不知每天忙忙碌碌究竟為了什麼。

那種對現在和未來的模糊感、不確定感時常縈繞在每個人的心頭，就像北京的霧霾一樣，無論如何也吹不散。它甚至不是一個階段性的主題，迷惘是很多人貫穿了整個青春期、後青春期，甚至是中年時光的一種狀態。我時常會望著地鐵裡各自低頭忙碌的人出神，他們每個人都知道自己想過什麼樣的生活嗎？或者他們知道目標在哪裡，是否也同樣知道如何抵達那個目的地呢？

我們每天聽各種媒體、勵志人物說生活一定要有目標，否則人就像沒了方向的航船，永遠無法抵達對岸。這話一點都沒錯，所以很多人也集體無意識地開始慌張、焦慮，原因是暫時還沒有具體的目標。致命的是非但沒有理想，還不能誠懇接受現在的模糊感、無目標狀態。在他們看來，沒有目標簡直就跟沒穿衣服一樣羞於面對他人和自己，總是急匆匆地想找一塊遮羞布，不管它是什麼，先遮掩過去再說。

長篇演講，彷彿剛上台的政治家那般不遺餘力地繪製藍圖。

我不否認，每個人都需要目標，但那不是生來就有的，它是需要我們學習、成長、探索、嘗試才得出的準確結論，不是一蹴而就的，不是仿效成功人士的發展歷程，就可以快速不負責地蓋棺論定。在那個目標現身的黎明到來之前，我們必將經歷一段黑暗。有人在黑暗中淡定坦然、默默耕耘，但還有一部分人慌張、無措，憂心忡忡為何天還不亮。你越無法接受黑暗，就越容易被黑暗戲弄、恐嚇。而且從時間相對論的角度來說，你越無法忍受它，它便越發漫長。

我看過一段ＴＥＤ演講，裡面談到一個關於痛苦的概念——痛苦並不等於你客觀承受的痛苦指數，最終你感受到的痛苦程度，等於客觀的傷痛乘以你內心的抗拒指數。這個公式釐清了客觀與主觀的差別，並非常直觀地告訴我們，左右我們感受的東西往往都要把我們的「接納↓抗拒」模式納入其中。同樣的道理，迷惘的程度也並非由你的無目標狀態直接生成，它取決於你抗拒它還是接受它。

越抗拒越迷惘

越抗拒越迷惘，選擇接納反而減少了迷惘。換言之，無目標狀態難以避免，但你是否迷惘是可以選擇的。卡爾．羅傑斯（Carl Ransom Rogers）說：「所謂的『自我』就是一切體驗的總和。」無目標就是你自身的一部分。「一旦你試圖控制無目標，就是在製造分裂，無目標和你不再是一體，無目標被你當成了『異己』，這就是失序的根源，你把本來屬於自己的一部分排擠成『異己』，於是它開始反抗，這是更大的失序。於是你更想控制它，而『異己』由此成長得更快，最終它成為你極大的苦惱。」

沒有目標也沒有什麼大不了，它就是現在的自我的一部分。但並不意味著無目標狀態無法改變，因為「自我」是在流動和變化的，它有積極發展的可能。我們在接受無目標這一事實之後，要做的就是去尋找目標，而這種追求絕不是快速而直接的，在找到那個目標之前，我們少不了迂迴地前進。當你發現夢想總是無法實現，你又很迷茫找不到出路，對生活沒轍的時候，你是否想過，你為了改變這一切又做過什麼？

大多數人就是在盲目機械地踏步，每一天都過得像同一天。以前有個來訪者也因為生活沒有目標來找我諮商，問起這兩年的生活，他說不出什麼，除了上班下班，他覺得自己毫無建樹，事實也是如此。他一邊扛著迷惘的大旗一邊沉淪度日，不知道自己現在做的工作是不是適合自己，卻也從未在閒暇時光去了解其他行業。過了兩年，除了迷惘程度不斷提升，他還是那個他。

我們不是接納了迷惘和無目標就撒手不管，我們要做的是在現在的生活中做出一些思考和改變，目標不是靠你停留在原地就能從天而降，它需要你去努力和行動。

勇於嘗試，不要留下遺憾

不知道自己想要什麼樣的狀態，你可以趁著大好時光去試試其他可能感興趣的領域，不指定方向的行動並非是為生活添亂，它往往可能是打開新世界大門的鑰匙。

我之前的一個同事是體育頻道的編輯，雖然每天面對著各種體育新聞賽事熱點，但他對體育絲毫不感興趣。他從未真正沉浸在工作內容當中，只是把工作當成一項用來養家糊口的任務。在後來的工作中，他意外發現跑步是一件很有趣的事，他看著自己肥胖的身體，覺得至少可以透過跑步減肥，於是他買了運動鞋開始每天夜跑。他自稱不知天高地厚地報名了馬拉松，卻跑出了前一百名的成績，之後又開始受邀去全國各地甚至是世界各地跑馬拉松比賽。

他還是他，還是那個體育編輯，不過變成了一個堅持跑步的編輯，依然好像沒有什麼明確的目標。但是就在兩年之後，有人邀請他分享跑馬拉松的經驗，分享會收到了非常棒的反饋。除了豐富的經驗，他的感染力和表達能力也為他加分許多，而這些是他上大學無聊時加入演講社團所積累的經驗。他可能都忘了當年在演講社曾經積累過這樣的技能，過去生活的痕跡給他的驚喜就這樣意外地表露出來，並且給了他新的機會。

後來，他不斷地受邀去演講，成為一名職業的跑者和培訓師。

所以，除了接納，不要吝嗇嘗試。你不知道哪一次嘗試就讓你接近了那個適合你的目標，而且隨時有可能突破現有的迷惘。就像我不知道我曾經讀了那麼多書、看過那麼多故事、一個人到處旅行到底能跟我的人生目標發生什麼關聯，但是當有一天我把腦子裡的、心裡的感悟和知識轉化為文字時，我才明白，那一切都不是無用的，我感激自己在迷惘時沒有停止前行，即便沒有什麼明確的方向，我依然在蓄積力量，突出重圍。

格桑澤仁老師（中國著名心理學家，被譽為中國「催眠大師」）說過一句話：「迷則擇醒事，明則擇事而行。」意思是迷惘的時候你就去做那些明顯正確的事情，而明白自己想要什麼的時候，就要從正確的事情裡，選擇對自己更有利的事情來做。

迷惘不意味著你可以理所當然地止步不前，日復一日，毫無改變。要做的也許只是很簡單的事。像我的一個朋友一樣，他去西藏旅遊，回來後嘗試寫了遊記，發覺這是他喜歡的事，可以成為他的目標。如今，他已經是一位旅行筆記暢銷作者。別忘了，你腳尖的朝向就是你所選定的方向，你所走的每一步都決定著最後的結局。如果你說茲事體大，非得思前想後不可；如果你說你讀過的雞湯文告訴你一切自有天意，那也沒什麼好說的。只要你能接納自己的生活狀態就好，可是你又不甘心，不甘心自己碌碌無為，毫無方向。

因為你是如此擔心，就算你探索了，也仍然找不到方向；你是如此害怕，就算努力了，也只能照舊過著一成不變的生活。誠然，很多突破和轉折都出現於無法估計的一瞬間，大徹大悟可能就在別人不經意講的一段回憶之後，豁然開朗也許就差過條馬路，看看另一條街的風景。但若你故步自封，將永遠不會出現那一瞬間的到來。生命不過是一場浩瀚的布朗運動（Brownian motion，意指無規則運動），**誰都無法保證你預期的一定會到來，但至少持續的行動和改變可以讓你在被無規律且脆弱的生活侵蝕時，增強一點抵抗力**；至少也能泰然堅定而又豁達地說一句：「雖然生命無常，但是我盡力了。」

48 自給自足的安全感

所有的安全感，都源於你的蓄謀已久

最近讓你感覺最沒有安全感的事情是什麼？上週末在計程車上，忽然「生理期」造訪而我毫無準備的時候，想到了這個問題。問了幾個朋友，他們給出了答案。

朋友A：昨天發現我的提款卡裡只有三十八塊的時候。

朋友B：北京下第一場雪的那天，房東打電話說房子不續租了。

朋友C：發現女朋友的男同事在追求她，那個男同事還是富二代。

安全感像人生戰壕裡的一件盔甲，沒有了它，我們只能打赤膊上陣，很容易亂了陣腳。沒有安全感是一種什麼樣的體驗呢？心理學家亞伯拉罕．馬斯洛（Abraham H. Maslow）說，缺乏安全感的人往往感到被拒絕、不被接受、受冷落，受到嫉恨、歧視；感到孤獨、被遺忘、被遺棄；而有安全感的人則感到被喜歡、被接受，可以從他人處感到溫暖和熱情；有歸屬感，感到是群體中的一員；將世界和人生理解為愜意、溫暖、友愛、仁慈，普天之下皆兄弟。我很仔細地研究過，到底什麼才是安全感。

什麼時候會感到不安？

我家社區曾經有一戶被盜，知道這個消息後的一個星期內我都沒有睡好，枕頭下放著一把刀，半夜也總是醒來。其實客觀環境並沒有發生什麼變化，我跟往常一樣鎖好門、關好窗，而且因為有住戶被盜，社區一定會加強治安防範，安全指數更高了，但我還是覺得不踏實，睡不安穩。

安全感其實只是一種心理上的感受，指的是一個人具有相對穩定的對自己和周圍世界的信任感和堅定的不懼怕感。安全感未必跟客觀環境絕對匹配，它根植於我們最初的恐懼感以及由此衍生的不信任感和失控感。

我們骨子里流淌的血液中有先人的遺傳基因，怕電閃雷鳴、狼蟲虎豹、蛇、颶風暴雨……渺小的人類深知自己的脆弱和不堪一擊，只有對大自然深懷敬畏之心。

除了這些天生的不安全感，我們在成長中也積累了不少不安的情緒。孩童時在黑夜裡醒來沒有人撫慰，我們從此怕一個人在黑暗中獨處；少年時期郊遊時不小心迷路，我們從此害怕去陌生的地方；戀愛時我們被傷害過，從此對戀人的一點點異常舉動都感到不安。

林林總總的不安全感，皆源於不確定自己是否有能力滿足自我的需求，是否能在多變的世界裡擁有掌控感。安全感不會像盔甲一樣時刻相伴，總會有一些時候，我們會感到不安、慌張和焦慮。就像天氣陰晴不定一樣，安全感也會隨著境遇的不同而有所起伏，這是再正常不過的，也正好是我們獲取安全感的第一步——接納內心感到不安全的時刻。因為感到不安而不安，讓不安全感升級，常常是因為我們過於關注它是否時刻存在，把某一階段的不安全感擴大化、嚴重化的始作俑者正是自己。不安有時候反而是件好事。

古希臘傳說中有一個故事，人人都羨慕坐擁滿城財富的狄奧尼修斯國王。國王便請他的朋友達摩克利斯赴宴，命其坐在用一根馬鬃懸掛的一把寒光閃閃的利劍下，用此告訴人們，任何看起來安寧祥和的時刻其實都暗藏危機，不僅國王要居安思危，這也是每個人的必修課。不安全感就是這把達摩克利斯之劍，它的出現讓我們意識到自己的弱小和不足，警醒我們要時刻應對變化，才能臨絕地而不衰。只有認識到這一點，你才有可能和它共處，在此基礎之上進一步加強自己的安全感。

安全感跟自信有關

安全感的多少，取決於我們如何解釋這個世界。對於一個缺乏安全感的人來說，外界環境中的任何影響、每一個作用於有機體的刺激，都更易於從一種不安全的而非具有安全感的視角來被解釋。

簡而言之，我們如何看待周圍的事物，決定了我們的感受。我們的行為和感受有一個共同的導航，就是我們的認知，是它指引我們如何應對世界。如果只把黑暗解釋成危險，只把陌生環境解釋成不適，只把戀愛解釋成遲早分別的痛苦，那麼也只能透過這樣消極的解釋產生消極的想法。這些並不是不能改變，改變消極認知的方法之一，便是我們的自信和坦然。

在成長過程中的每一點累積都是自信的資本，收獲與不利的環境、不好相處的人相處的經驗，我們經歷的所有會變成再次解決問題的利器。

我相信你一定有過很厲害的時刻，在某個危急時刻不懼困難，妥善處理問題化險為夷；在一段關係當中發現問題和麻煩並讓它迎刃而解；在一個新的環境中發現自己並不是無所適從，你曾用真誠和自己的人格魅力感染周圍的人並融入其中。一旦你的內心對你既有的特質產生認可後，心靈上的解放也將不期而至。

我們究竟憑借什麼來獲取安全感呢？

「吃飽了就有安全感。」

「Wi-Fi 連接穩定。」

「隨身帶著化妝包，需要時立即補妝。」

「無論多晚回家，有一盞燈為我亮著。」

如何獲取安全感？你可以這樣做

每個人獲取安全感的方式都不相同，但也正因如此，任何事物都可能是安全感的來源。我們還是嬰孩的時候，母親的乳房就是我們安全感的來源，我們從那裡吸取乳汁，這是我們感到舒適和安寧的方式；長大之後，我們探索世界時有父母陪伴左右，告訴我們就算跌倒，他們守護身旁；再成熟一點，我們不斷學習知識，擁有了多種能力，這也是我們獲取安全感的方式；再到後來，我們有自己的社交圈和事業，我們能在朋友或愛人身上得到慰藉和安撫。因此，我們能做些什麼增加安全感呢？

❶ 不斷提升自己

要自信，但不要盲目自信。如果你還不具備應對無常的能力，就去提升自己。馬斯洛說安全感指的是一種從恐懼和焦慮中脫離出來的信心、安全和自由的感覺，特別是滿足一個人現在（和將來）各種需要的感覺。苦等別人滿足自己的需要，不如自己先衝鋒陷陣得到它。如果你覺得錢能帶來安全感，就努力賺錢；如果你覺得一份穩定的工作可以帶來安全感，就認真地提升專業能力；如果你覺得良好的人際關係讓你感覺安全，就學會對每個人微笑；如果你覺得愛情能讓你減少不安，就關心和呵護愛人。一個更好的你，毋庸置疑值得更多人為你付出。

❷ 爭取社會支持

雖然我贊同安全感需要自己給予，但絕不認同窄化安全感來源的說法；安全感需要不斷補充，但其來源除了個體能力的提升，也離不開相對安全的環境。安全的環境是你和他人共同營造的。我們的能力總有不足，總有需要他人支持的時刻。**有需要而力有未逮時，去尋找可靠的幫助和支持，也是獲取安全感的重要方式**。父母也好，朋友、愛人也罷，有他們的守護和關懷，會讓你能在一個相對安全的環境中更專注地探索和前進。

❸ 遠離危險因素

這個世界不存在絕對安全的環境，平靜之下皆有暗流湧動，但我們依然可以盡可能避免去不安全的環境。如果你怕水，就少去海邊；如果你身體差，就不要過度勞累；如果你對花粉過敏，就在敏感時期戴好口罩，遠離過敏源。在我們有限的能力範圍內盡可能地保護自己，是增強安全感性價比最高的方式。其實很多時候是我們先做錯選擇，才讓自己缺乏安全感。

一位女性朋友常常抱怨，男友經常跟別人曖昧不清，殊不知開始交往前她就知道男友從前劣跡斑斑，但她不聽朋友的勸阻，毅然決然地選擇跟他在一起；一位天天焦慮工作朝不保夕而借酒澆愁的朋友，早在入職前就了解了公司狀況，但還是想不顧一切地賭一把；一位已經在義大利深造的朋友，半年後還是無法用義大利語跟他人交流，正是因為他在考試時矇混過關，實際上自己並沒有做好語言方面的準備。許多問題追根溯源，都是我們一開始就沒有選擇正確的方式，沒有好好地籌劃和準備。

所以，別等到讓你安全感喪失的事情發生時，才嘆息說你「本來可以」，也別只是祈禱糟糕的事情永不發生，**安全感不會從天而降，只會在一朝一夕的努力之間生長出來**。從現在開始提升自己、尋求支持、遠離不安全感的源頭，才能為自己的內心建造一棟免受災難的房子。

49 積極關注真我

有人對你惡言惡語，也會有人用善意回應你

我曾收到一段讀者留言，他在出版社工作，是一名圖書企劃編輯。薪水不高，但因為一直喜歡文學，所以不介意不高的薪酬，更何況他家庭條件優渥，沒有經濟上的後顧之憂。本來日子過得很舒心，但一次別人無意中發錯了聊天紀錄，他才知道同組的其他幾個同事有一個單獨的群組，他們在背後議論他家庭條件好，是靠關係進入出版社，因此才得到主管的器重。有個人還憤憤不平地說，他家這麼有錢何苦跟我們搶工作業績，就當個不勞而獲的富二代不好嗎？

他看後假裝不知情，心裡卻十分憤怒。如果大學畢業後靠家裡安排工作，絕不至於只是來出版社。因為自己喜歡，所以願意投入時間和精力策劃圖書，認真態度被主管口頭表揚過幾次而已，根本不是同事猜測的那樣，是靠自己的家庭。他沒想到自己平時謙虛和氣，對同事和主管同樣尊重，從不輕易得罪別人，也從不炫耀自己的背景條件，為何還會受到這樣惡意的揣測和背地裡的語言攻擊？他雖然表面上裝作沒什麼，但心裡過不去這道坎。他問我該怎麼辦。

我想說，除了善意的幫助和支持，人也會遭受惡意的攻擊和掣肘，這些都再正常不過，有時這樣的攻擊可能跟你平日的言行、人品都沒有直接的關係；換句話說，無論你多麼努力，都控制不了他人說三道四。在那些中傷者眼中，這些惡意或許只是一種簡單的、合理的聯想（也可以稱之為歸因方式）。甚至有時你也會在無意中成了製造謠言和惡意中傷的人，因為惡意與否，會隨著立場的不同而有不同的標準。在地鐵上，年輕人不讓座給長者，一定是因為年輕人沒有愛心；在馬路上男人對女人大發雷霆，一定是男人沒有風度；年輕貌美的女孩開豪車，她一定是被包養了……這樣的例子不勝枚舉。我不否認，這種臆斷有一定的合理性，畢竟有些因果關係確實存在，但確實並不是唯一且正確的解釋。

惡意攻擊的來源

年輕人不讓座給長者，有沒有可能是因為身體不舒服？情侶吵架有沒有可能是因為女人做出了極其過分之事？年輕貌美的女孩有沒有可能就是能力出眾，再不然也可能人家有個富爸爸？一件事情背後的原因不計其數，無法窮盡，但是為什麼大多數人只願意在眾多解釋中選擇一個，且認定它就是原因呢？

第一，這是簡化認知加工的結果。我們生活在一個手忙腳亂的快節奏社會裡，每天要思考怎麼做好工作、怎麼能多賺一點錢、家庭怎麼能更和諧等等。一天下來腦細胞不知道要死掉多少，還有誰願意多花時間和精力去仔細思考別人的人生呢？更何況往往這個別人對自己而言，也不是重要的人。在這樣的情況下，我們就會用最簡單粗暴的思考方式去判定那些沒那麼重要的人和事，把節省下來的時間和精力去加工成更重要的資訊。不客觀、不全面的揣測和判斷，於他而言不過是一閃而過的念頭，於你而言，更是無足輕重沒有過多參考價值的閒言碎語。

第二，任何認知方式或者說歸因模式，都是被自我服務驅動的。我們對事物的判斷總是利己的，在不能給一個人、一件事下定論的時候，我們會不由自主去選擇一個利於自身的解釋，並且深信不疑。就像前文主角的幾位同事，或許早就對工作不滿，賺得不多又沒有得到上司重用，剛好知道了自己的同事背景顯赫，自然願意理解成他就是靠關係得到了工作和主管讚揚。因為這樣解釋會減少內心的不平衡感，以及對自己無能的憤怒和不滿。

我想起在地鐵上聽過兩個女孩的對話，議論起她們都認識而且現在過得春風得意的一位女友人，表情滿臉不屑，言語中也充滿鄙夷，訕笑著說：「她不就是靠男朋友養嗎？就憑她，怎麼揹得起那麼貴的包？」雖然沒有聊天背景，但聽起來還是充滿了優越感，背後的心思也顯而

易見：「或許我沒妳過得那麼好，也沒揹那麼貴的包，但我靠自己啊！」

畢竟議論一個跟她們的生活毫無瓜葛又風生水起的名人，總沒有肆意評價周遭的人有快感，或許今晚她們想起自己不如意的人生黯然神傷之時，又轉念想起地鐵裡的交談內容，也能內心安然地睡個好覺吧！這種自我服務的歸因方式，正好保護了內心的脆弱和自卑，也可以稱之為心理防禦機制。畢竟，如果我們把一切問題的原因都歸結到自己的失敗和無能上，將極大地損害我們的幸福感，若選擇「貶低他人，抬高自己」的方式，能減少自責和無助。

你看似聽到了別人在惡意評價你，話題圍繞著你，但那背後的真實聲音和動機卻是圍繞著他自己。說你不好，是為了突顯自己的好；說你靠關係，其實是為了反襯自己的獨立和正直，一切對你的評價不過都是為了他的自我表達，這種自我表達有時無須被他人聽到，是說給自己聽的，只要能在內心強化自己比他人好即可。

雖然那些不符合我們認知方式和歸因方式的事情依然每天都在發生，甚至不少於我們相信的那些事實，但我們都更願意看到想看到的事情，更願意相信那些跟我們以往的理解一致的事情，誰願意沒事給自己找麻煩，造成內心衝突呢？長此以往，每個人都形成了一套可以打動自己內心的邏輯——「我管它符不符合實際，至少我看到的就是這樣！」「我管它是否帶有惡意，又沒有直接造成人身傷害！」「我管它是否另有隱情呢？又不是我的人生！」所以，大

多數沒有轉化為實際行為的惡意，也都是無心而已。至於怎麼應對，我想說的是，什麼也不要做，或者你原來該做什麼，現在就做什麼。

成為有尊嚴的強者，才是對惡意最好的回應

對於惡意的流言蜚語，不必理會。這個世界的惡意和善意一樣多，當然，我更願意相信善意更多一點。遭遇惡意的時候，你會一時想不起曾經也被善待過，將自己深陷在惡意當中，倘限地只關注惡意，那麼你的眼裡、耳裡、心裡只盛滿惡意，流露出來的也只會是惡意。

以惡意應對惡意，這種惡性循環太難改變。東野圭吾在小說《惡意》裡寫道：「人的惡意就像雜草叢生的土壤，你不知道什麼時候會孕育出一棵參天大樹出來。」如果真的要在人生裡長出一棵茂盛的大樹，為什麼不選擇一顆充滿善意、未來會結滿善果的種子呢？我知道很多人面對惡意時，一定會有一種衝動，想要反駁、想要解釋、想要扳回一局。有什麼用呢？

我國二時，數學成績不是特別好。那個學期，數學就是我集中攻克的困難。皇天不負苦心人，那次期中考試我的數學成績竟然是班級第二。說真的，我滿激動的！但是我隔壁同學的話就像頭頂的一盆冷水潑下來，我的心都跟著涼了。他說：「妳這次數學考這麼高分，怎麼亂猜

得這麼準？」我沒有說什麼，卻為此悶悶不樂了幾天。

回家跟我媽說起，覺得自尊心受損，心裡還是想著要怎麼回擊同學。我媽說了一句話，我一直記到今天：「妳覺得去跟他爭論，就能爭回妳的尊嚴嗎？」國二就明白的這個道理，今天同樣適用。氣不過又不想忍，想透過辯駁挽回自尊、分辨是非，是一廂情願的辦法。說這句話的人早就把這些忘在腦後了吧？你去反駁，說不定在他心裡，你的反駁恰好印證了他的推測。而你蒼白無力的辯駁之詞，又跟他信口開河的判斷有何區別呢？都無法作為證據挽回尊嚴，但你的行動可以，它是最好的證明。

如今的你自然不必像當年的我一樣，再用一張高分數學考卷來證明自己的努力和實力，但你需要的是踏踏實實做自己該做的事，用事實說話，用結果反擊。

當然，並不是我們所有的努力都是為了贏得他人給予的尊嚴和相信，我們要做的是無論他人如何，捧也好、罵也罷，你都不改自己的初衷，自己為自己賦予尊嚴。因為你若不自重，你若計較，就只能被惡意左右，付出巨大的時間、精力和情緒代價，甚至搞砸自己的人生。如此一來，只會讓曾經惡意揣測你的人有繼續攻擊你的理由。

只有成為真正有尊嚴的強者，才是對惡意最好的回應。再沒有什麼可以刺激到你，到那時你可以置之不理，也可以一笑而過。記得時刻提醒自己，儘管生活中你遭受過惡語相向，但同樣也被善意和愛包圍。我們不是因醜惡而生，我們是為善意和愛而活。

50 放下聖母心

沒有那麼多需要你拯救的人

最近，我的好姐妹G小姐十萬火急地要找我聊聊，因為她陷入了一場糟糕的戀愛，卻又無法自拔。在旁人眼裡看來，她的男友絕對是一個不折不扣的「人渣」，她認同這一點，卻仍然做不到冷靜理智地分手。她想不通為什麼明明知道所託非人，明明知道應該分手，卻還是放不下？說起G小姐的男朋友，如果把他身上的缺點當成標靶，他絕對能被掃射成一枚人肉馬蜂窩。他和G小姐在工作中相識，投其所好，發動了熱烈追求攻勢，G小姐招架不住，舉手投降，在一起後卻漸漸發現他的不可靠。

男朋友辭了工作，打著想借機了解創業計畫的旗子，無所事事了近半年，在這半年裡都是由G小姐來支付生活開銷。男朋友雖工作多年，但因為花錢大手大腳，幾乎毫無積蓄。錢花到哪兒去了？他喜歡拈花惹草，雖然沒有要把周圍的狂蜂浪蝶扶正的打算，但也處處留情，請

女生吃飯、開房間，有幾次都被G小姐抓個正著。要說他對G小姐有多好呢？除了追求時說甜言蜜語加上表示忠心外，幾乎沒有什麼可圈可點之處，在家不做家事，對G小姐呼來喝去，有時候甚至惡言相向。G小姐雖然早就覺得苗頭不對，但幾次提分手都被挽回，因為他一直承諾會改變，只是需要些時間慢慢來。拖來拖去，他們的戀情耗了大半年，他沒有什麼實質的改變舉動，G小姐卻越陷越深，痛下決心無數次，仍然捨不得分開。

我問G小姐為什麼分不開？她說畢竟相處這麼久，對男友的感情越來越深，他也承諾要改變，不想就這麼分手，太可惜了。在我看來，不分手才可惜，妳以為他終會浪子回頭，但妳不明白或許需要一生的代價來等到那一天。G小姐問我是不是覺得她特別傻？這真是一個難回答的問題。說傻呢，G小姐的確不夠聰明，她自以為要扮演一個偉大的拯救者；說她不傻呢，是因為她確實在這場戀愛關係當中得到了她最需要的——成就自我。

不斷付出，是因為「拯救者情結」

每個在戀愛中傷痕累累卻還是捨不得放手的人，都以為自己的不捨是因為愛情，所以他們心甘情願一再付出，看似不求回報，實際上他們已經得到了回饋，填補了內心缺失的一角，這

一角就是他們在人生中沒有得到的成就感。

誰不希望自己的人生有意義又能實現自我價值呢？有人在事業中獲得成功，有人在家庭中感受幸福，有人在興趣愛好中體驗成長，同樣也有人在婚戀關係中去實現人生意義和自我價值。當然最美滿和平衡的結果是，人生的每一個部分都欣欣向榮，你獲得成就感的來源不應該只有愛情。

但遺憾的是，事業、家庭、人際關係、個人成長等方面的發展，並不總能提供顯而易見的成長機會，甚至有時會暫緩、阻滯。在這樣的當口，我們更容易被一些看似能獲得巨大滿足感的事情吸引，並深陷其中。因為在潛意識裡，拯救一場糟糕的關係、改造一個混蛋，簡直像是實現了一個偉大的英雄夢。

有的人沉浸在這樣的夢想當中，想像自己是一個超人，肩負影響別人命運的使命。無論受到什麼樣的折磨對待，他們都不願意放手，因為所有的艱難和阻礙都是改變對方必須要經歷的，他們覺得只要自己付出、堅持、感化對方，終能使對方回心轉意。這是他們的潛意識譜寫的劇本，對方必定是那個萬人嫌的失敗者，而自己的人設必定是忍辱負重、慈悲為懷、偉大光榮的拯救者。

如果真的能讓浪子回頭，那真是一段感天動地、可歌可泣的傳奇故事。但只可惜，拯救他們需要花費的精力就像個無底洞，你所有的付出可能都沒有迴響，他們只會一次又一次地用空頭支票般的承諾，勾引你付出更多時間、物質和感情。

即便是這樣，這些「偉大的超人」也依然能獲得自我滿足。因為在不斷付出的過程中，他們獲得了旁人的頌揚和憐惜。這些來自外部的評價也是他們成就感的來源之一，在他們看來，偉大的使命必然會獲得社會的支持和認同，即便對那些享受付出的人聲討也正合他意，因為在這樣的聲討背後，是對自己的認同和肯定，這種「我很好」和「他很差勁」的對比，強化了拯救者內心中的自我形象，強化了他們不斷付出和堅持的行為模式。有時他們也會自我懷疑，自己是否在做沒用的事？是不是真的應該離開這個混蛋？雖然理性上的判斷是分手，但因為內心已經把自己定義為拯救者，所以情感上無法接受這樣矛盾的做法。在這樣的情況下，他們還會為自己的堅持找到藉口，並因此產生強烈的責任感。

G小姐雖然一方面認為男朋友混蛋，但另一方面又會把這些歸咎於沒有人愛他、理解他，甚至幫他找到成為一個混蛋的理由，可能是童年時的家庭生活不幸福，可能是事業上的挫敗等。這些理由讓拯救者更加心疼對方，也為自己的付出找到了義正詞嚴的理由，就好像改變他是自己義不容辭的責任，離開他就是無情無義。這也是拯救者給自己的道德枷鎖，心裡裝的都是待拯救的他人和一個虛假膨脹的偉大自我，已經顧及不到真實的自己正陷入深淵。

這樣的「拯救者」角色，也會波及生活的其他方面。就像我的朋友G小姐，她現在所處的團隊危如累卵，除了她以外的成員都在用敷衍的態度對待工作，全組的績效也靠她一個人在撐。她雖然經常抱怨團隊分工不明確，其他同事不出力，但言語中又總透著一點得意，因為她作為團隊的核心人物，一次次地力挽狂瀾給了她極大的滿足感，讓她找到極大的自我認同和自我滿足，所以，她情願扛起其他人的負擔也要留在這裡，儘管她做出了很多不必要的付出。

你的使命不是拯救他人，而是自我成長

其實，這樣的拯救者是很可憐的，他們把自己架在了神壇之上，無法動彈，除了經受苦難修成正果，他們別無選擇，這是他們認定的「命」。而做出這樣的選擇是因為在成長過程中，他們沒有養成獨立的人格，才更容易陷入糟糕的關係中，才會心甘情願去扮演這樣勞心勞力卻難得善果的角色。

沒有獨立人格的人，更傾向於從他人身上、從依存關係當中去尋找和完善自我。他們獲得安全感、自信心和成就感的來源大多是外部的，推動他們自我成長的契機也必定是外部的變化，而不是內心深處的吶喊。

因為他們骨子裡刻著一個衡量自我價值的公式：「他人肯定＋外在成就＝自我價值。」然而，這個公式是不對等的，它缺乏了最重要的部分，就是自我成長。喪失獨立人格的人，用所有外化的標籤替代了內在標準，即便他們已經有眾多優秀的品格，但沒有他人認同或沒有透過這些品格獲得外在的成就，他們便不會認同自己是有價值的，自己的人生是有意義的。

他們也會過於高估自己，認為自己有能力改變他人，甚至是無所不能。現實與「自以為」的差距存在著巨大的鴻溝，為了填補它，「拯救者」們只能透過不斷地投入去改變他人，以此來驗證自我認知，所以割捨糟糕的戀愛關係，就相當於斬斷了他們實現自我的可能，甚至會讓他們在內心把自己定義為失敗者。

「為什麼我這麼努力，他還是沒有改變？」、「為什麼我付出這麼多，他還是不能好好對我？」這些問題的答案皆指向自己的無能，會讓他們產生極大的挫敗感，因為危及他們對「拯救者」這個角色設定的原有認知。失去戀人的痛苦是次要的，最讓他們難以接受的是自己沒用。拯救者的確是偉大的，他們有一定的能力和價值，但幾乎全部奉獻給他人了；他們也是無奈和悲哀的，因為他們本來可以過得更幸福。

為自己的人生負責，而不是為他人擔責

如果想改變這樣的角色設定，最關鍵的是卸下重擔，不再試圖承擔他人的責任，正視自己的心理動機，從自身獲得滿足。**每個人最根本的使命都不是去成就他人，而是獲得充分的自我成長，成為一個具有獨立人格的人，在此基礎之上再談幫助他人**。

幫助他人是好的，是善意的，但如果習慣了用改變和影響他人來代替自己的人生任務，這樣只會在助人的過程中迷失自己，也是對其他人的不負責任。因為，自己的人生只能由自己負責，當你完全把他人的人生扛在肩上時，也是剝奪他人自我成長的機會。最先應該拯救的是自己，學會把他人的問題還給對方，先完成自我成長。關鍵的一步就是從自身得到滿足，這種滿足不是在工作中獲得多少成績，而是在成績背後提升能力、增長見識；也不是戀人的改變和付出，而是在一段關係當中學會的相處之道、處理關係的技巧。總而言之，一切從拯救他人獲得的成就不等同於個人價值，當你意識到最大的自我價值是自己，這大概才是最有價值的事。

每個人都是平凡的，但不妨礙我們有偉大之處，**真正的偉大是為自己的人生負責**，而無須用一場糟糕的戀愛來證明。脫下超人裝、走下神壇，交還別人該承擔的責任，才是真正成就偉大自己的開始。

51 做隻野猴子

大多數人的選擇，就代表沒錯？

因為大家都這樣做，所以就一定是正確的且必須堅持嗎？大多數人的選擇就一定沒錯嗎？有次出去旅行，在飛機上我旁邊坐了一對母子，媽媽溫柔和善，兒子活潑機靈。因為座位緊臨，所以聽到了他們的對話。

孩子：「媽媽，假期結束我是不是又要去學英語啦？」

媽媽：「是呀，你得好好學英語，要用功，你看我們樓下的萱萱多厲害。」

孩子：「可是，媽媽我為什麼現在就要學英語啊，以後上學再學不行嗎？」

媽媽：「不行，你看幼稚園的小朋友不都有學嗎？」

孩子：「為什麼他們學我就要學啊？」

媽媽閉上眼休息，沒再說話。孩子的話卻一直在我腦海中迴響，那天已經很疲憊的我，卻沒有睡著。是啊，為什麼別人的孩子學英語，妳的孩子就一定也要學呢？因為大家都這樣做，一件事就一定是正確的，必須堅持嗎？

出於做公眾號（即在微信公眾平台上註冊並獲得授權的媒體帳號，類似台灣的 LINE 官方帳號）的緣故，我會接觸到一些寫原創文章的人，雖然不太熟悉，但是我會注意到他們的朋友圈，他們經常轉發的內容是：如何寫出一百萬閱讀量的公眾號文章、哪些標題更容易吸引讀者的目光，或者誰和誰的哪篇文章爆紅了。一旦某種類型的文章紅了之後，就會有大批相似的文章出現，創作者們趨之若鶩。不得不承認，大多數自媒體人都會關注別人都在寫什麼，卻很少關注自己。別人寫什麼紅了，我也一定要寫嗎？紅了的內容就一定有價值、有意義，必須效仿嗎？

我想起有年聖誕節前夕，同事發愁該送女朋友什麼禮物，於是到處打聽周圍的人都送什麼，想參考別人的。別人都送的禮物，他的女朋友就一定會喜歡嗎？電商平台上銷量最高的，就一定適合他嗎？我在飛機上迷迷糊糊之中想起了這些片段，它們雖然是不同的事，但似乎又是在說同一件事：很多人都在照著別人的劇本過自己的人生。

別人說好我們就跟進，這就是「從眾上癮」

從小時候起，我們在無形中被教育成了一個從眾的人，一個要經常把目光放在別人身上，害怕被群體丟棄的人。

不知道為什麼要學美術、學音樂，但絕對不是因為自己喜歡；不知道為什麼要去上一所離家特別遠的寄宿學校，但是父母說他們同事的孩子都去上了那所學校；不知道為什麼讀大學選科系的時候選了資訊或金融，好像僅是因為幾個遠房親戚都學了這門科目，畢業後風生水起。後來，我們自己也不知道什麼是自己想要的，或是我們懶得思考，跟著別人走一條大多數人都選的路，好像就能抬頭挺胸了。如果剛好某一條路上還有些人走出了一點成績，那將會有更多的門徒出現，虔誠地朝拜，一路追隨，只是沒人問為什麼。

我看著北京霧霾下身穿黑白灰的人們，好像明白了這個道理。跟大多數人保持一致，就容易把自己隱藏起來，不突兀也不奇怪，如果你一身紅衣走在其中，便特別顯眼，便容易招致議論，你可能承受不起被議論的風險。跟大多數人同行，好像心裡便多了幾分安全感，真要是這片天塌了，還有個子比你高的人頂著呢；但是如果選了另一條少有人走的路，如果前方來了敵人，你怕自己和路上寥寥無幾的同伴招架不住。

這就是很多人內心隱藏的一個邏輯：大多數人都選的路應該沒錯。即便真理沒有掌握在多數人手中也沒關係。人們不需要真理和思考，只需要安全。正是這種安全讓你丟了自己，同時損失的還有活著的樂趣。如果你按照別人的劇本去演自己的人生，已經有人體會過那種喜怒哀樂，何須你再體會一遍？你的行動和言語的理由當中有千千萬萬個他人，卻唯獨沒有你自己的想法和判斷，因為你已經把自己的聲音淹沒在別人的對白裡了。這就是失去了自己。

哪來那麼多對錯，做你自己就好

人生的樂趣不就在於多樣性和個性化嗎？在不損害他人利益的前提下，滿足自己的需求，跟從自己的內心做決定，體驗奇妙的人生。要是跟隨別人做的選擇正好適合自己倒也還好，最怕的是你彆扭地把自己塞進了別人的戲服裡，不合身又不自在，到頭來沒取悅自己，還貽笑大方。別人穿蕾絲花邊雪紡裙好看，但是妳長了一張冷峻的臉，何必追隨甜美的路線？別人考上公務員進入體制內安穩，但是你生性愛自由、喜歡折騰，何必束縛自己？別人的孩子都學鋼琴，但是你的女兒對此完全沒有興趣，何必這麼早就剝奪她選擇人生的權利？做人做事都要量體裁衣，穿著別人眼中的熱門款，未必能過好自己的人生。不信？你去看淘寶買家秀啊！別讓從眾和別人的生活毀掉了你人生的可能性，即便不能成功你也不後悔，因為那是你跟隨內心做的選擇。

就像我喜歡當代作家王朔的文字，但我知道照著寫下去，最多成為第二個王朔；而堅持自己的風格，不管成不成得了氣候，我的人生冠上的永遠都是我自己的名字。我不是第二個王朔，第三個馮唐（中國當代作家），我就是第一個自己。就算有一天你在萬般無奈之下，走上了那條從眾的路，但至少當你的孩子問起「為什麼別人做我就也要做」的問題時，你不要沉默，給他答案。當然，更好的方式是別讓他問出這樣的問題，讓他做自己。

有一次走在大街上，陽光正好，街邊跑來了一隻流浪狗，渾身髒兮兮的，跑到了正在帶小朋友出來曬太陽的媽媽面前，小女孩特別開心，笑著跳著想用手去摸狗狗，這時我以為這位媽媽會把小朋友拉走，或者叫小朋友不要摸狗，說狗狗很髒，摸了會生病。不料，這位媽媽說：「寶寶，妳的手很髒喲，不要去摸狗狗，狗狗會感冒的。」我的心裡湧出一股暖意。

52 讓真我進化

萬箭穿心，也要活得光芒萬丈

上大學之後，因為太熱愛心理學，我捨棄了很多泛讀的機會，一心一意鑽研學問，只偶爾偷懶看過幾本言情小說。在我們那個時代，最流行讀亦舒的書。故事沒記住幾個，卻牢牢記住了她筆下鮮活的女子，不是家世良好的天之驕女，就是獨立自重的知性事業型女子。不管是哪一種身世背景，有怎樣的人生閱歷，她們都有著相似的氣質特徵和處事風格。她們精神獨立，收入豐厚，舉止得當，品味不俗，永遠散發著知性優雅的氣息，似乎總能把生活控制在自己的步調和節奏中。

她們可以被統稱為「亦舒女郎」，在生活裡像開了外掛一樣所向披靡，做什麼都毫不費力。遇到困難和煩惱，她們能不聲不響地解決，輕鬆地就像拂去肩頭的一粒灰塵。亦舒女郎是我大學時代至今的努力方向，只可惜我沒做到，我身邊也沒有人做得到。不僅如此，我們還差點活成了反面教材，在生活裡疲於奔命，不但沒學會舉重若輕，還變本加厲地在現有的煩惱上長出新的煩惱。也許有很多人早已成為「煩惱俱樂部」中的一員，比如來信諮詢的這位讀者。

親愛的將軍，我心裡很苦悶，不知道該說給誰聽。所以想試著向妳提問，希望能得到回覆。到今天為止，我已經北漂三年了。在這個城市打拚很不容易，一個人很辛苦，我單身，沒有喜歡的人也沒有追求者，有時候也希望能有個伴一起面對艱難的人生，卻一直沒有遇到。現在的工作帶給我很多壓力，感覺每天都在超負荷地處理問題，我感覺很累。我在北京也認識了很多人，但都沒能成為朋友，也不被別人理解。我覺得其他人都過得很開心，只有我煩惱重重。將軍妳一定體會不到我的心情，妳這麼優秀，一定不會有什麼煩惱吧？希望妳能告訴我，怎麼樣才能不再煩惱，打起精神來面對人生。謝謝妳！

我的回信如下：

來信最好是諮詢一個具體的問題，像如此形而上的思辨類提問，我想比較適合讓哲學家來回覆。就像問如何能賺錢、如何能每天都開心一樣，這些問題本身就反映了妳的問題：妳在尋找不存在的答案。我想帶妳到這個真實的世界看一看，生活中沒有「容易」二字。一切都難以永續，哪怕是快樂，持續一輩子也會讓人疲軟。在妳看來，這個世界好像只有妳有煩惱，別人都是樂得其所的樣子。可實際上人人都有煩惱，這是這個世界上最公平的地方。無論是哪一種煩惱，它都會給我們帶來不愉悅的體驗，這與人的出身無關。

我也並不是妳期待中的不食人間煙火模樣。我跟妳和大多數人一樣，每天同樣在面對各種可能突如其來的瑣碎雜事或巨大變故，小到額頭長了一顆痘，平常加班熬夜、睡眠不足，寫東西時沒靈感，大到已跨入剩女行列，沒有一件事順遂到能支撐我每天都快樂。

妳看，妳本以為能跟我討得修煉的祕笈，卻發現我平凡如草芥，不值得妳高看一眼。作家劉瑜說過，其實，無論男女，作為動物活在世上，一顆果子迸濺在嘴裡的滋味是一樣的，為對方梳理皮毛的眷戀是一樣的，被命運碾過的痛苦是一樣的，生之狂喜和死之無可奈何也是一樣的。對於煩惱的體驗也難有差別。所以，可能本就不必苦苦追尋如何才能不煩惱，倒不如問問如何跟煩惱共處。我猜想妳期待的是聽聽如何從心理學角度調整自己，有沒有什麼靈丹妙藥似的方法，服用後十分鐘就見效。可能，妳還是會失望。

因為最簡單、最直接、最奏效的方法就是行動，這聽起來似乎沒什麼驚喜。妳可能會問，我要的是調節情緒或改變想法，關行動什麼事？可我們並非哲人，不能僅靠較勁似的思辨就能脫胎換骨好起來，而情緒這種看不見、抓不住的東西改變起來似乎也難得章法，做什麼都像是拳頭砸在棉花上。好在我們身體裡有一個連動機制：行為—認知—情緒，改變其中的任何一個都會對其他兩部分大有裨益。正好，我們至少可以改變我們的行為，行動起來，說不定就能牽制情緒。

改變自己，你需要行動起來

經過我的無數嘗試，「行動起來」是迄今為止能幫我最快走出低迷、跟煩惱和解的最好方式。到底該做些什麼呢？當然，最重要的是做正確且積極的事，例如努力工作、提升專業知識、技能。但這些事往往需要巨大的意志力，還需要付出很多努力，且短期內看不到成果，在心情低潮時就更難做到了，怎麼辦？

除了喝心靈雞湯，也有很多能獲得即時滿足感的事情，例如：購物、暴飲暴食等。但這些事帶來的滿足感不但難以持續，反而還有可能演變成禍患，高額的信用卡帳單、不斷增加的體重等都可能會帶來新的煩惱。所以，以上方式只是看似有效，實則隱藏危機。

我們需要的方法是既能在煩惱的當下緩解情緒，但又不會因為做了不得當的事，而增加調整情緒的成本。我想跟你分享幾條實用、ＣＰ值高的方法。這些方法既能讓我們獲得即時滿足感，又能對未來產生積極影響。

❶ 打理好你的外表

對我來說屢試不爽的自我調節方式是精油ＳＰＡ，它能讓我感覺到被這個世界溫柔地呵護著。即使外面風雨交加，至少在幽暗的房間裡，有人用最平和與舒緩的方式關心我的疲憊。精油有放鬆身體的作用，身心相連，身體的舒適也會提升心靈的舒適度。也可以嘗試敷面膜、出門化妝、穿上好看的衣服，看著鏡子裡活力滿滿的自己，才有繼續和煩惱抗爭的動力。

❷ 運動

運動會產生腦內啡和多巴胺，這兩個名字拗口的物質會讓我們產生快樂的感覺。多巴胺是大腦分泌的一種神經傳導物質，這種腦內分泌物質主要負責傳遞亢奮和歡愉的訊息。腦內啡是一種腦下垂體分泌的類嗎啡生物化學合成物激素，等同天然的鎮痛劑，它也被稱為「快感荷爾蒙」或者「年輕荷爾蒙」，這種荷爾蒙可以幫助人保持年輕快樂的狀態。因此，我推薦跑步、瑜伽等運動方式。

❸ 讀書

我推薦名人傳記類圖書，讀起來蕩氣迴腸。讀曹操、曾國藩、柴契爾夫人、林徽因，其實也是在讀你自己，把煩惱放在更宏大的世界裡，它會更顯渺小，乃至消弭不見。不管你在意或者不在意，它們都會變成歷史的塵埃。

❹ 看電影

看別人的故事，理順自己的人生。哭和笑都能釋放情緒，思考也會帶來啟發。我曾在電影裡得到生活裡感受不到的感動、激情、動力及勇氣，又把它們放到生活中澆灌自己。

❺ 吃美食

品嘗食物的美妙之處在於適量，吃得太飽只有飽腹感，吃得太少又牽腸掛肚。有點滿足就剛剛好。生命之初，我們透過母親的乳汁獲得與世界的聯結，這是我們的本能。從食物中獲得溫暖和安全，讓情緒得到宣洩，是一種樸素的療癒方式。還記得港劇那句最經典的台詞嗎——「餓不餓？我煮碗麵給你吃。」這句話其實包含著最實用有效的哲學思想。

❻ 做一件想做卻沒做過的事

煩惱是阻礙，但有時也是一劑猛藥。那些一直在吸引你做的事，總是被各種原因推遲。你將它們擱置，覺得哪一天都不像良辰吉日，那不如就帶著煩惱去完成它，做自己想做的事，這是煩惱的積極意義。

電影《尋找新方向》中的主人翁麥斯，一直很喜歡品酒，他有一瓶珍藏了多年的頂級紅酒，打算找個特別的日子品嘗，也許是跟心愛的女人在一起的那天，也許是他的小說出版的那天……但是這些都沒有發生，他依舊求而不得，煩惱至極，漸漸明白也許那特別的日子根本就不會出現。最終，麥斯選擇了在速食店就著漢堡喝掉了他珍藏的佳釀，而這一天是整部電影當中，他最鬱鬱不得志的一天。再昂貴的酒也不是天生肩負為你慶祝的責任，一切都是你賦予它的意義罷了。**但只要你開始行動，每一天都可以是特別的**。例如，在最糟糕的境遇裡，為做了一件特別的事而舉杯，然後繼續努力生活；在最煩惱的一天，你依然有魄力做了自己想做而沒做的事，以後還有什麼困難能把你擊倒？說不定能從現在做的事當中發現新的體悟和轉折。一切都無須計較和特意安排，只需享受現在。

擁抱當下的自己

說了這麼多，如果你依然覺得心煩意亂的時候什麼都做不下去，改變自己也難，那也許你需要的並不是減輕煩惱的方法，而是童話裡公主般毫無波折的人生，再不濟也要自帶灰姑娘屬性，等待一個時刻驚豔全場，征服所有人。可你的人生未必一直如煙火般絢爛，升得再高的煙火，也要劃過天際墜向地面。如果你僅僅在快樂、順心的時候才享受自己的生命，那就是對生活的最大浪費，因為身處花花世界，有喜有樂才是真實和全部。

亦舒女郎手裡捏著的，是那張跟你一模一樣的生活入場券。她過得那麼自在精彩，正是因為經過悲傷、煩惱的舞台時，她也同樣奮力演出，累積成長的籌碼。只有這樣才能更快成長進化，奔向快樂、興奮、美好的新天地。而你，只願意哭喪著臉在煩惱的舞台前踟躕，卻始終不願意承認停滯不前根本無法使你到達目的地。

最後送你一句我喜歡的電影台詞：「讓我們進化，水來土掩。我期待著你，脫胎換骨。」

也同樣期待著我們都成為那樣一種人，哪怕是萬箭穿心，也要活得光芒萬丈。

心靈漫步

你對誰都好，就是對自己太差

過分善良不是好事！停止取悅，過想要的生活

2025年9月初版　　定價：新臺幣420元

著　者	大將軍郭
副總編輯	陳永芬
內容協力	林佳慧
校　對	陳佩伶
內文排版	葉若蒂
封面設計	Dinner Illustration

出版者	聯經出版事業股份有限公司
地址	新北市汐止區大同路一段369號1樓
叢書主編電話	(02)86925588轉5306
台北聯經書房	台北市新生南路三段94號
電話	(02)23620308
郵政劃撥	帳戶第0100559-3號
郵撥電話	(02)23620308
印刷者	文聯彩色製版印刷有限公司
總經銷	聯合發行股份有限公司
發行所	新北市新店區寶橋路235巷6弄6號2樓
電話	(02)29178022

編務總監	陳逸華
副總經理	王聰威
總經理	陳芝宇
社長	羅國俊
發行人	林載爵

行政院新聞局出版事業登記證局版臺業字第0130號

本書如有缺頁，破損，倒裝請寄回台北聯經書房更換。　ISBN 978-957-08-7774-8 (平裝)
聯經網址：www.linkingbooks.com.tw
電子信箱：linking@udngroup.com

本書繁體版由四川一覽文化傳播廣告有限公司代理，
經人民郵電出版社授權出版。

國家圖書館出版品預行編目資料

你對誰都好，就是對自己太差：過分善良不是好事！停止取悅，過想要的生活/大將軍郭著．初版．新北市．聯經．2025年9月．
344面．14.8×21公分（心靈漫步）
ISBN 978-957-08-7774-8（平裝）

1.CST：認知心理學　2.CST：自我實現

176.3　　114010990